이것만 알자!

비상은 모두가 즐거운
배움의 길을 만듭니다.

배움이 필요한 모든 이들이 그 한계를 넘어설 수 있도록
비상은 더 넓은 세상을 향한 첫 걸음을 응원합니다.

한국에서의 전형 창출을 넘어 세계 교육의 패러다임을
바꾸겠다는 비상은 모든 이의 혁신적 성장에 기여합니다.

교육 문화의 질서와 유기적 융합을 추구하는 비상은
새로운 미래 세대의 행복한 경험과 성장에 기여합니다.

상상 그 이상 ───────────

이것만 알자!

초등 한국사

See

개념을 읽는 게 아니라
보면서 익힐 수 있게
시각적으로
만들었어요.

Easy

초등학교에서
알아야 할 **한국사 개념**
47개만 뽑아
쉽게 알 수 있어요.

Fun

재미있는 퀴즈나
게임 형식의 문제로
놀이처럼 즐기면서
개념을 확인할 수 있어요.

Link

중학교와 초등학교의
연결고리를 찾고,
연계된 중학교 개념을
미리 볼 수 있어요.

구성

하나. 쉽고 재미있게 개념 공부하기

1 단원 도입

숨은 그림 찾기 활동이에요. 활동을 하며 단원 내용을 미리 살펴봐요.

2 개념 학습

재미있는 개념 제목과 초등과 중등 개념 연결고리도 넣었어요.

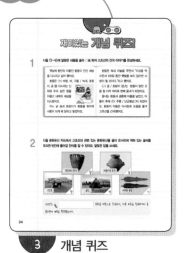

3 개념 퀴즈

공부한 개념을 퀴즈 또는 게임 형식으로 즐기면서 확인해요.

둘. 개념 잡는 문제 풀고 중학교 개념까지 엿보기

4 생각 그물

빈칸을 채우며 개념 확인하고 잘 이해했는지 확인해요.

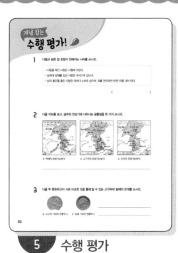

5 수행 평가

답을 쓰며 개념 평가하고 실력을 점검해요.

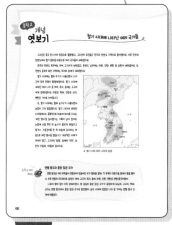

6 중학교 개념

초등과 연결된 중등 개념을 엿보며 사회에 대한 흥미와 자신감을 키워요.

특별 부록 [용어 찾아보기] 모르는 용어를 찾아요! [단원 평가] 잘 공부했는지 확인해요!

차례

초등학교에서 꼭 알아야 할
한국사 개념 47개를 확인해요.

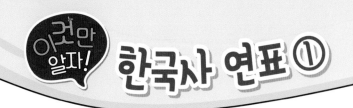

선사 시대 ←→ 역사 시대
고조선은 청동기 시대에 나타나서
철기 시대까지 이어졌어요.

구석기 시대 ~ 철기 시대 (고조선)

약 **70만 년** 전	약 **1만 년** 전	기원전 **2000년** ~ 기원전 **1500년**경
구석기 시대 시작	**신석기 시대 시작**	**청동기 시대 시작**

구석기 시대 사람들은 채집, 사냥을 하면서 살았어요.

신석기 시대 사람들은 농사를 짓기 시작했어요.

청동기 시대에는 지배자와 피지배자로 계급이 나뉘었어요.

삼국 시대 ~ 후삼국 시대

기원전 **57년**	기원전 **37년**	기원전 **18년**	**4세기**
신라 건국	**고구려 건국**	**백제 건국**	**백제의 전성기**

고구려를 공격하고, 주변국과 활발히 교류했지.

박혁거세는 사로(경주)에서 신라를, 주몽은 졸본(환인)에서 고구려를, 온조는 위례성(서울)에서 백제를 세웠어요.

백제는 4세기 근초고왕 때 전성기를 맞았어요.

698년	**9세기**	**900년**	**901년**
발해 건국	**발해의 전성기**	**후백제 건국**	**후고구려 건국**

대조영이 고구려 유민과 말갈족을 이끌고 동모산에서 발해를 세웠어요.

전성기를 맞이한 발해를 중국 당나라는 '해동성국'이라고 불렀어요.

견훤이 후백제를, 궁예가 후고구려를 세우면서 후삼국 시대가 됐어요.

약 2333년 전
고조선 건국

단군왕검이 아사달에 우리 역사 속 최초의 국가인 고조선을 세웠어요.

기원전 5세기 ~ 기원전 3세기경
철기 시대 시작

철제 무기와 철제 농기구를 사용하면서 사회가 크게 변화했어요.

기원전 108년
고조선 멸망

중국 한나라가 고조선을 멸망시켰어요.

5세기
고구려의 전성기

영토를 크게 넓히고, 광개토 대왕릉비를 세웠지.

고구려는 5세기 광개토 대왕과 장수왕 때 전성기를 맞았어요.

6세기
신라의 전성기

한강 유역을 차지하고, 가야를 멸망시켰어.

신라는 6세기 진흥왕 때 전성기를 맞았어요.

648년
나당 동맹 체결

660년
백제 멸망

668년
고구려 멸망

675 ~ 676년
신라, 당 군대 격파

918년
고려 건국

왕건이 궁예를 몰아내고 고려를 세웠어요.

926년
발해 멸망

거란의 침입으로 발해가 멸망했어요.

935년
신라, 고려에 항복

국력이 약해진 신라가 스스로 고려에 항복했어요.

한국사 연표②

고려 시대

936년
고려, 후삼국 통일

고려가 후백제를 물리치고 후삼국을 통일했어요.

993년
서희의 외교 담판

강동 6주를 되찾으면 거란과 교류하겠소.

서희가 외교 담판을 통해 거란의 침입을 물리쳤어요.

1019년
강감찬의 귀주 대첩

강감찬이 이끄는 고려군이 귀주에서 거란군을 크게 물리쳤어요.

1377년
『직지심체요절』 제작

고려가 금속 활자 인쇄본인 『직지심체요절』을 만들었어요.

1388년
위화도 회군

이성계가 요동으로 가던 중 위화도에서 군대를 되돌려 권력을 잡았어요.

1391년
과전법 실시

토지 제도를 개혁해야겠어.

이성계와 신진 사대부들이 토지 제도를 개혁했어요.

1592년
임진왜란

임진왜란이 일어나자 이순신이 이끄는 수군과 의병이 활약했어요.

1636년
병자호란

병자호란의 결과, 조선과 청은 신하와 임금의 관계를 맺었어요.

1742년
탕평비 건립

탕평비를 세워 탕평책을 알리겠노라.

영조는 붕당 간의 다툼을 막기 위해 탕평책을 실시했어요.

1232년
강화 천도

고려는 개경에서 강화도로 도읍을 옮기고 몽골과 싸울 준비를 했어요.

1236 ~ 1251년
팔만대장경 제작

고려는 부처의 힘으로 몽골의 침입을 이겨 내고자 대장경을 다시 만들었어요.

1273년
삼별초, 탐라에서 최후 항쟁

삼별초는 근거지를 옮겨가며 몽골에 끝까지 저항했어요.

조선 시대 ~ 대한 제국기

1392년
조선 건국

이성계가 고려를 멸망시키고 조선을 건국했어요.

1443년
훈민정음 창제

백성이 글자를 사용하게 하리라.

세종이 우리글인 훈민정음을 만들었어요.

1485년
『경국대전』 시행

세조 때 편찬하기 시작한 경국대전이 성종 때 완성되었어요.

1796년
수원 화성 완공

정조는 수원 화성을 세우고 이곳을 개혁 정치의 중심으로 삼으려 했어요.

1866년
병인양요

프랑스가 통상을 요구하며 강화도에 쳐들어왔어요.

1871년
신미양요

미국이 통상을 요구하며 강화도에 쳐들어왔어요.

한국사 연표 ③

1876년
강화도 조약 체결

조선은 일본과 강화도 조약을 맺고 개항했어요.

1884년
갑신정변

김옥균을 비롯한 급진 개화파들이 갑신정변을 일으켰어요.

1894년
동학 농민 운동

전봉준이 중심이 되어 동학 농민 운동이 일어났어요.

1905년
을사늑약

고종의 거부에도 불구하고 일제는 을사늑약을 강요했어요.

1907년
고종 황제 강제 퇴위, 군대 해산

일제는 고종을 강제 퇴위시키고, 대한 제국의 군대도 해산시켰어요.

1909년
안중근의 의거

안중근이 우리나라를 빼앗는 데 앞장선 이토 히로부미를 저격했어요.

1940년
한국광복군 조직

대한민국 임시 정부가 여러 독립군을 모아 한국광복군을 조직했어요.

1945년
8·15 광복, 모스크바 3국 외상 회의

연합국이 일제와의 전쟁에서 승리하여 우리도 광복을 맞이했어요.

1948년

5월 10일
5·10 총선거

7월 17일
제헌 헌법 공포

8월 15일
대한민국 정부 수립

1895년

을미사변

일제가 조선 장악에 걸림돌이 되는 명성 황후를 시해했어요.

1896년

아관 파천, 독립 협회 수립

독립 협회가 자주독립 의식을 높이려고 독립문을 세웠어요.

1897년

대한 제국 선포

고종은 환구단에서 황제 즉위식을 하고 대한 제국을 선포했어요.

일제 강점기 ∼ 현대

1910년

국권 피탈

일제가 우리의 국권을 빼앗았어요.

1919년

3·1 운동, 대한민국 임시 정부 수립

3·1 운동을 계기로 대한민국 임시 정부가 수립되었어요.

1932년

윤봉길의 의거

한인 애국단원 윤봉길이 일제 관료들에게 폭탄을 던졌어요.

1950년

6·25 전쟁 발발

북한군의 남침으로 6·25 전쟁이 시작되었어요.

1960년

4·19 혁명

이승만 정부의 독재 정치에 대항하여 4·19 혁명이 일어났어요.

1962년

경제 개발 5개년 계획 시작

1980년

5·18 민주화 운동

1987년

6월 민주 항쟁

1991년

남북 기본 합의서 채택

해수니와 해다리의

신나는 역사 탐험 이야기

작은 섬마을에 호기심 대왕 '해수니'와 그의 단짝 친구 '해다리'가 살고 있었어요.

아주 먼 옛날부터 오늘날에 이르기까지 우리나라에 어떤 일이 있었는지

알아보기 위해 두 친구는 역사 탐험을 하기로 했어요.

해수니와 해다리와 함께 역사 탐험을 시작해 볼까요?

이름: 해수니
성격: 호기심이 많고 긍정적이다.
특기: 수영, 길 찾기
취미: 여행하기

이름: 해다리
성격: 엉뚱하지만 똑똑하다.
특기: 수영(특히, 배영), 주변 살피기
취미: 조개잡이

1

3-2 2단원 5-2 1단원

옛사람들의 삶과 문화

이 단원을
들어가기
전에

삼국 시대, 고려 시대, 조선 시대의
모습을 나타낸 그림입니다.
숨은 그림을 찾아보세요.

- ☑ 총
- ☑ 집
- ☑ 포크
- ☑ 종이배
- ☑ 기차
- ☑ 페인트 붓

조선 시대

고려 시대

신라   삼국 시대

고구려

정답과 해설은
2쪽에 있어!

아주 먼 옛날? 구석기, 신석기, 청동기, 철기 시대!

*역사: 과거에 있었던 일, 또는 과거에 대한 기록.

사람이 처음 나타나면서부터 *역사가 시작되었어요. 사람이 처음 나타난 때로부터 글자로 역사를 기록하기 시작한 바로 전까지의 시기를 '선사 시대'라고 하고, 글자로 역사를 기록한 시대를 '역사 시대'라고 해요.

글자로 기록한 역사가 없는 선사 시대와 글자로 된 기록이 적은 역사 시대 초기의 사람들의 생활 모습은 그들이 사용한 도구를 통해 짐작해요. 아주 먼 옛날 사람들은 자연에서 얻은 돌(石돌 석)을 도구로 사용하다가 돌을 재료로 도구를 만들었어요. 이후 도구의 재료가 금속인 청동, 청동보다 단단한 철로 변했고, 도구가 변하면서 사람들의 생활 모습도 많아 달라졌어요.

구석기 시대

자연에서 얻은 돌과 나무를 생활 도구로 사용했어요. 동물의 가죽이나 풀잎으로 옷을 만들어 입었고, 열매를 따거나 동물을 사냥해 먹을거리를 얻었어요. 주로 동굴이나 바위 그늘에서 살았지요.

신석기 시대

흙으로 그릇을 만들고 돌이나 동물의 뼈로 더 좋은 도구를 만들었어요. 강에서 물고기와 조개를 잡았으며, 농사를 짓고 가축을 길렀지요. 강가나 해안가에 모여 살기 시작했어요.

▲ 손에 쥐고 사용한 주먹도끼

▲ 음식을 담았던 빗살무늬 토기

▲ 동물의 뼈로 만든 낚시 도구

도구가 변하면서 생활 모습이 달라졌으니 도구의 재료에 따라 시대를 구석기, 신석기, 청동기, 철기로 나누는구나! 그런데 그거 알아? 청동기 시대부터 글자로 된 기록이 있는 역사 시대래!

청동기 시대

청동과 같은 금속으로 도구를 만들어 사용하기 시작했어요. 그러나 ☆청동은 귀하고 다루기 어려워서 무기나 장신구, 제사를 지내는 도구를 만드는 데 주로 쓰였고, 농사를 지을 때나 일상생활에서는 여전히 돌과 나무로 만든 도구를 사용했어요.

철기 시대

청동보다 훨씬 단단한 철로 도구를 만들기 시작했어요. ☆철로 만든 농사 도구를 사용하면서 농업은 크게 발달했고, 철로 만든 무기를 가진 사람들은 전쟁에서 쉽게 이길 수 있었답니다.

청동으로 만든 여러 가지 물건

▲ 농사짓는 모습이 새겨진 농경문 청동기

▲ 비파라는 악기를 닮은 비파형 동검

▲ 철로 만든 농사 도구

▲ 철로 만든 무기

▲ 제사 도구로 쓰였던 청동 방울

17

우리 역사 최초의 국가! 고조선

*청동기 시대: 구리와 주석을 섞어 만든 그릇과 도구를 사용하던 시대.

모든 사람들이 평등하게 살았던 구석기 시대와 신석기 시대 이후에 등장한*청동기 시대에는 권력을 가진 사람이 나타나 다른 사람들을 지배하기 시작했어요. 또, 권력자들 중에서도 가장 힘이 센 사람을 중심으로 국가를 세웠지요. 이러한 ☆ 청동기 문화를 바탕으로 한반도에서 단군 왕검이 우리 역사 최초의 국가인 고조선을 세웠습니다.

다음은 『삼국유사』에 실린 고조선의 건국 이야기예요. ②를 통해 고조선이 농업을 중요하게 생각했다는 것을 알 수 있어요. 그리고 곰을 믿는 부족과 호랑이를 믿는 부족이 환웅 부족과 연합하고 싶어 했으나(③), 결국 환웅 부족은 곰을 믿는 부족과 연합해서 고조선을 건국했다는 것을 알 수 있어요(⑤, ⑥).

*『삼국유사』: 고려 시대에 일연이 고조선부터 후삼국까지를 기록한 역사서.

- 기원전 2333년 고조선 건국

- 기원전 57년 신라 건국

- 기원전 37년 고구려 건국

- 기원전 18년 백제 건국

- 676년 삼국 통일

- 698년 발해 건국

고조선의 건국 이야기

환인의 아들인 환웅이 인간 세상을 다스리고 싶어 했어요.

환웅은 바람, 비, 구름을 다스리는 신하와 무리 삼천 명을 이끌고 내려왔어요.

곰과 호랑이가 환웅을 찾아와 사람이 되게 해 달라고 빌었어요.

곰은 환웅이 말한 것을 지켜 여자로 변해 웅녀가 되었어요.

웅녀는 환웅과 결혼해 아들을 낳았어요.

그 아들이 후에 단군왕검이 되었고, 단군은 아사달로 도읍을 옮기고 고조선을 건국했어요.

고조선의 사회 모습

고조선에는 8개의 법 조항이 있었는데. 현재는 3개만이 전해지고 있어요. 고조선의 법 조항을 통해 당시 사람들의 생활 모습을 짐작할 수 있어요.

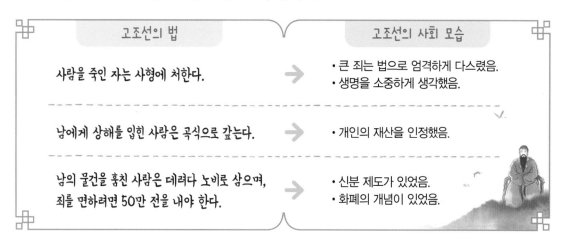

고조선의 법		고조선의 사회 모습
사람을 죽인 자는 사형에 처한다.	→	• 큰 죄는 법으로 엄격하게 다스렸음. • 생명을 소중하게 생각했음.
남에게 상해를 입힌 사람은 곡식으로 갚는다.	→	• 개인의 재산을 인정했음.
남의 물건을 훔친 사람은 데려다 노비로 삼으며, 죄를 면하려면 50만 전을 내야 한다.	→	• 신분 제도가 있었음. • 화폐의 개념이 있었음.

고조선의 문화유산

☆ 고조선은 우수한 청동기 문화를 바탕으로 다른 부족을 정복하거나 통합하면서 세력을 확장했어요. 미송리식 토기, 비파형 동검, 탁자식 고인돌 등 고조선을 대표하는 문화유산이 공통적으로 발견되는 만주와 북한 지역이 고조선의 세력 범위였답니다.

고조선의 문화유산

▲ 비파형 동검
중국 악기인 비파를 닮은 청동검.

▲ 미송리식 토기
미송리에서 처음 발견된 민무늬 토기의 종류.

◀ 탁자식 고인돌
청동기 시대를 대표하는 무덤.

고조선의 문화 범위

요서 지방
요동 지방
백두산
고조선
의주
평양
산둥반도
황해
동해
남해

고조선의 문화 범위
미송리식 토기
비파형 동검
탁자식 고인돌
(한반도 남쪽에도 탁자식 고인돌이 분포함.)

0 100 km

왕권을 강화한 국가! 고구려, 백제, 신라

우리 역사 속 최초의 국가인 고조선은 중국 한나라의 침략으로 멸망했어요. 이후 한반도와 그 주변 지역에는 여러 작은 국가들이 세워졌지요. 그중 ⭐ 고구려, 백제, 신라는 왕의 권력을 더욱 강화하고 체계적인 국가 체제를 갖추면서 발전해 나갔어요. 고구려, 백제, 신라가 성장하며 한반도에서 주도권을 다투던 시기를 삼국 시대라고 해요. ⭐ 삼국은 전성기 때 공통적으로 영토를 크게 넓히고 한강 유역을 차지했어요.

백제의 성립과 발전 과정

백제는 기원전 18년에 고구려의 왕자인 온조가 고구려에서 남쪽으로 내려와 한강 지역에 세운 나라로, 삼국 중 가장 먼저 전성기를 맞이했지요.

⭐ 백제의 전성기를 이끈 왕은 근초고왕이에요. 근초고왕은 남해안 지역으로 영토를 넓히고 고구려와 전쟁을 해 북쪽으로 진출했고 중국, 왜 등 주변 나라들과 활발하게 교류했어요.

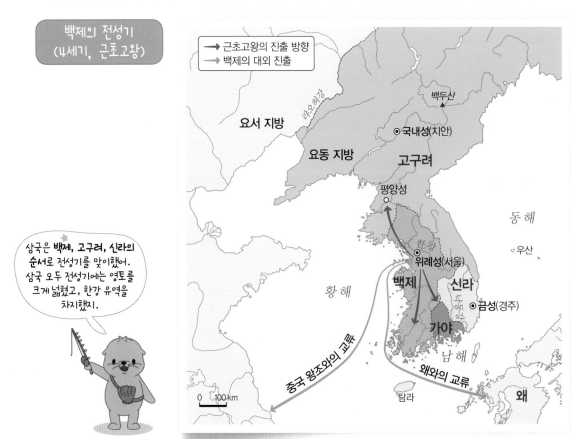

백제의 전성기
(4세기, 근초고왕)

삼국은 백제, 고구려, 신라의 순서로 전성기를 맞이했어. 삼국 모두 전성기에는 영토를 크게 넓혔고, 한강 유역을 차지했지.

고구려의 성립과 발전 과정

*요동: 중국의 라오허강(요하)의 동쪽 지역, 서쪽 지역은 요서라고 함.

고구려는 기원전 37년 주몽이 부여를 떠나 남쪽으로 내려와 졸본에 세운 나라예요. 고구려는 국내성(지안)으로 수도를 옮기고 꾸준히 정복 활동을 벌여 5세기에 전성기를 맞이했어요.

☆ 고구려의 전성기를 이끈 왕은 광개토 대왕과 장수왕이에요. 광개토 대왕은 서쪽으로는 *요동 지역을 차지하고, 남쪽으로는 백제의 영역이었던 한강 지역으로 세력을 확장했어요. 그의 뒤를 이은 장수왕은 평양 지역으로 수도를 옮기고 남쪽으로 영역을 더욱 확장했답니다.

★ 여기서 잠깐!   부여

부여는 기원전 2세기경부터 494년까지 북만주 지역에 있었던 나라입니다.

고구려의 전성기(5세기, 장수왕·광개토 대왕)

→ 고구려의 진출 방향

광개토 대왕릉비 장수왕이 아버지 광개토 대왕의 업적을 기념해 수도인 국내성에 세운 비석이에요.

충주 고구려비 장수왕이 남쪽으로 영역을 확장한 것을 기념해 세운 기념비로 추정돼요.

신라의 성립과 발전 과정

*가야 연맹: 1~6세기 무렵 경상도와 전라도 일부 지역을 차지한 연맹 국가.

신라는 기원전 57년에 박혁거세가 지금의 경주 지역을 중심으로 세운 나라로, 삼국 중 가장 늦게 전성기를 맞았어요. 5세기 초 고구려가 힘이 강해져 남쪽 지역으로 진출해 오자 신라는 백제와 손을 잡고 고구려에 맞섰어요. 6세기에 이르러 법흥왕은 남쪽으로 낙동강을 넘어 가야 지역까지 세력을 넓혔어요.

☆ 신라는 법흥왕의 뒤를 이은 진흥왕 때 전성기를 맞았어요. 진흥왕은 백제 연합군과 함께 고구려가 차지했던 한강 유역을 빼앗았지요. 이후 한강 유역을 놓고 신라와 백제가 전쟁을 벌였고, 신라가 승리하여 한강 유역을 차지했어요. 또 진흥왕은 대가야를 흡수하고 *가야 연맹을 소멸시켰어요.

영토를 크게 넓힌 진흥왕은 새로 영토가 된 지역을 둘러보고 국경에 순수비를 세웠어. 이것을 '진흥왕 순수비'라고 불러. 서울 북한산에 세운 순수비는 신라가 한강 유역을 차지했음을 알려 주지.

신라의 전성기 (6세기, 진흥왕)

요서 지방

요동 지방

고구려

백두산

국내성 (지안)

황초령 신라 진흥왕 순수비

마운령 신라 진흥왕 순수비

동 해

평양성

신라

우산

복제품

위례성(서울)

황 해

웅진(공주)
사비(부여)

백제

금성 (경주)

서울 북한산 신라 진흥왕 순수비

창녕 신라 진흥왕 척경비

왜

남 해

→ 신라의 진출 방향

0   100 km

탐라

삼국은 중국, 일본 등 주변 나라들뿐만 아니라 서양의 여러 나라와도 교류를 했어요. 다음 문화유산을 보면 삼국이 여러 나라들과 활발히 교류하고 서로 문화적 영향을 주고받았음을 알 수 있어요.

중국의 칠현금을 보고 만든 고구려의 거문고

▲ 고구려 무용총에 그려진 거문고
(중국 지린성 지안현)

서역에서 전해진 것으로 추정되는 물건

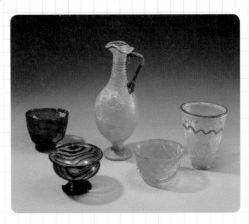

▲ 신라의 경주 황남대총에서 나온 유리 제품들
(국립 경주 박물관)

삼국의 문화유산과 생김새가 비슷한 일본의 문화유산

▲ 삼국의 금동 미륵 보살 반가 사유상
(국립 중앙 박물관)

▲ 일본의 목조 미륵 보살 반가 사유상
(일본 교토부 고류사)

▲ 고구려의 수산리 고분 벽화
(평안남도 강서군)

▲ 일본의 다카마쓰 고분 벽화
(일본 교토부 나라현 나라시)

일본의 목조 미륵보살 반가
사유상의 재료인 붉은 소나무는
일본에서는 자라지 않지만
우리나라에서는 많이 나는 품종이에요.

고구려 사람과 비슷한
옷차림을 한 사람의 모습이
일본의 고분 벽화에
그려져 있어요.

23

재미있는 개념 퀴즈!

1 다음 ㉠~㉢에 알맞은 내용을 골라 ○표 하여 고조선의 건국 이야기를 완성하세요.

옛날에 환인의 아들인 환웅이 인간 세상을 다스리고 싶어 했어요.

환웅은 ㉠(바람, 비, 구름 / 늑대, 호랑이, 곰)을 다스리는 신하와 무리 삼천 명을 이끌고 내려와 세상을 다스렸어요.

어느 날 곰과 호랑이가 환웅을 찾아와 사람이 되게 해 달라고 빌었어요.

환웅은 쑥과 마늘을 주면서 "이것을 먹으면서 100일 동안 햇빛을 보지 않으면 사람이 될 것이다."라고 했어요.

㉡(곰 / 호랑이)은/는 환웅이 말한 것을 잘 지켜 여자로 변해 웅녀가 되었어요.

웅녀는 환웅과 결혼해 아들을 낳았고, 아들이 후에 ㉢(주몽 / 단군왕검)이 되었어요. 환웅의 아들은 아사달로 도읍을 옮겨 고조선을 건국했어요.

2 다음 문화유산 카드에서 고조선과 관련 있는 문화유산을 골라 모서리에 적혀 있는 글씨를 모으면 빈칸에 들어갈 단어를 알 수 있어요. 알맞은 답을 쓰세요.

빗살무늬 토기 · 철
미송리식 토기 · 동
고인돌 · 청
움집 · 석
비파형 동검 · 기

고조선은 ✏️ [   ] 문화를 바탕으로 건국되어, 다른 부족을 정복하거나 통합하면서 세력을 확장했습니다.

24

3 삼국과 관련된 질문과 그 질문에 알맞은 답을 찾아 선으로 연결해 보세요.

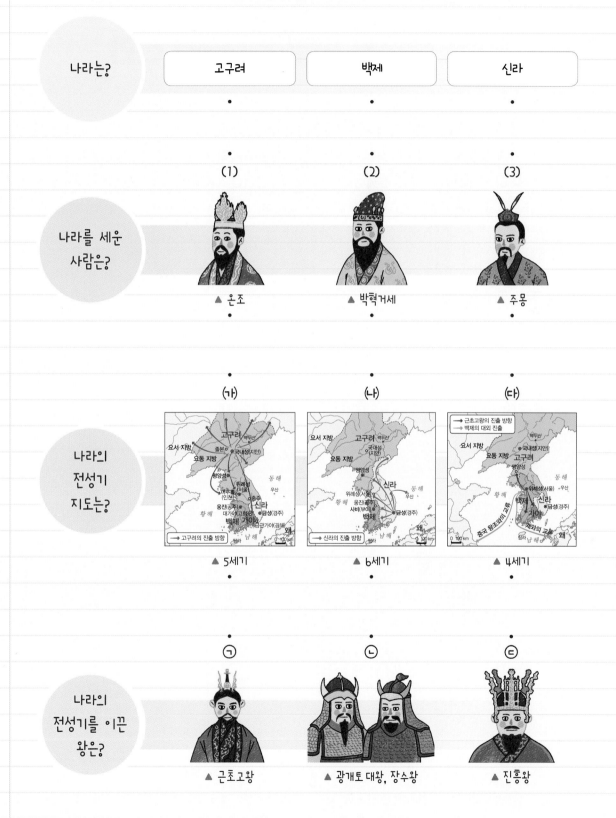

나라는?

| 고구려 | 백제 | 신라 |

(1)　　　　(2)　　　　(3)

나라를 세운 사람은?

▲ 온조　　　▲ 박혁거세　　　▲ 주몽

(가)　　　　(나)　　　　(다)

나라의 전성기 지도는?

▲ 5세기　　　▲ 6세기　　　▲ 4세기

㉠　　　　㉡　　　　㉢

나라의 전성기를 이끈 왕은?

▲ 근초고왕　　　▲ 광개토 대왕, 장수왕　　　▲ 진흥왕

삼국을 통일한 나라? 신라

*당: 618년 이연이 세운 뒤 290년간 이어진 중국의 나라.

☆ 고구려, 백제, 신라의 삼국을 통일한 나라는 신라예요. 7세기 신라의 김춘추(태종 무열왕)는 *당과 동맹을 맺는 데 성공했고, 이후 왕위에 올라 당과 함께 백제를 멸망시켰지요. 무열왕의 뒤를 이은 문무왕은 당과 함께 고구려도 멸망시킵니다. 이때 신라에 병합된 가야의 왕족 출신인 김유신은 무열왕과 문무왕을 도와 삼국 통일에 앞장섰지요.

백제와 고구려가 멸망하자 당은 동맹을 깨고 한반도 전체를 차지하려고 했어요. 그러자 신라는 당을 상대로 전쟁을 벌여, 매소성, 기벌포 등지에서 크게 승리했어요. 이로써 ☆ 676년 문무왕 때 신라가 삼국 통일을 이루게 된답니다.

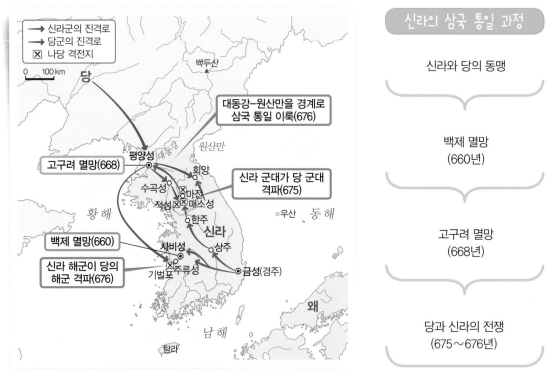

▲ 신라의 통일 과정과 통일 신라의 성립(7세기)

☆ 신라의 삼국 통일은 한반도에 있는 여러 나라를 처음으로 통일했다는 점에서 의의가 있어요. 하지만 신라가 이룩한 삼국 통일은 외세인 당의 힘을 빌렸고, 고구려의 영토를 모두 차지하지 못했다는 점에서 한계가 있습니다.

고구려를 계승한 나라? 발해

*유민: 망해 없어진 나라의 백성.

☆ 발해는 698년 고구려의 *유민인 대조영이 당이 정치적으로 혼란한 틈을 타 고구려 유민들과 말갈족을 이끌고 스스로를 고왕이라 칭하며 동모산 지역에 세운 나라예요.

발해는 스스로 고구려를 계승한 나라임을 내세웠고, 군사·문화적 힘이 강력한 나라로 발전해 고구려의 옛 땅을 대부분 되찾았어요. 그래서 ☆ 당은 바다 동쪽에서 기운차게 일어나 번성하는 나라라는 뜻에서 발해를 '해동성국'이라고 불렀어요.

발해는 고구려 문화를 바탕으로 여러 나라의 문화를 받아들이면서 발해 고유의 문화를 발전시켜 나갔습니다. 또한, 발해에서는 불교문화도 발달했어요. 그래서 발해의 도읍지였던 상경과 그 주변 지역에서 불교 문화유산이 많이 발견되고 있어요.

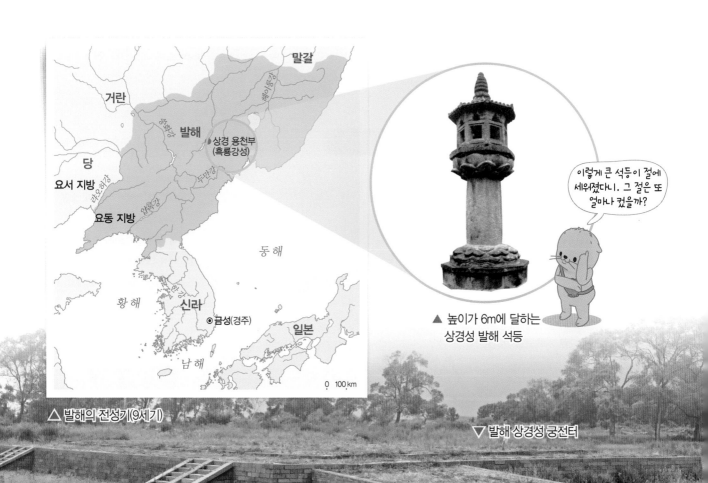

이렇게 큰 석등이 절에 세워졌다니. 그 절은 또 얼마나 컸을까?

▲ 높이가 6m에 달하는 상경성 발해 석등

△ 발해의 전성기(9세기)

▽ 발해 상경성 궁전터

27

발해의 역사가 우리나라의 역사임을 알 수 있는 자료를 살펴봐요.

발해는 스스로 고구려를 계승한 나라라고 생각했고 주변 나라들도 그것을 인정했어요. 발해가 고구려를 계승했으니, 발해의 역사는 우리나라의 역사인 것이 분명하죠. 이러한 사실은 문화유산과 역사 기록을 통해 증명할 수 있어요.

생김새가 비슷한 고구려와 발해의 문화유산들

*치미: 전통 건물의 지붕 끝머리에 얹는 장식.

▲ 고구려 기와의 연꽃무늬

▲ 발해 기와의 연꽃무늬

▲ 고구려의 *치미

▲ 발해의 치미

고구려와 발해는 건물의 지붕 모양이 비슷했어요. 두 나라는 공통적으로 기와에 연꽃무늬를 새겼고, 지붕 끝에 생김새가 비슷한 치미를 만들어 얹었습니다.

발해가 고구려를 계승했음을 알 수 있는 기록

*목간: 종이를 발명하기 이전에 기록을 남기는 수단으로 사용된 나무판.

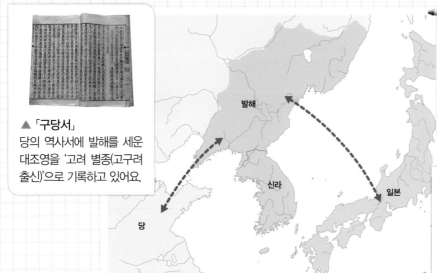

▲ 「구당서」
당의 역사서에 발해를 세운 대조영을 '고려 별종(고구려 출신)'으로 기록하고 있어요.

발해의 왕에게 보냅니다. 고구려 때부터 형제와 같이 친하게 지내 온 나라의 소식이 끊어졌었는데 다시 연락이 오니 기쁩니다.
- 『속일본기』

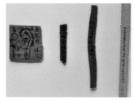

▲ 견고려사 *목간
발해에 보낸 일본 사신을 견고려사(고구려에 보내는 사신)라고 표현했어요.

당과 일본의 역사 기록에서 발해 왕은 고구려의 후손으로, 발해는 고구려를 계승한 나라로 표현하고 있어요.

고구려의 문화유산! 고분 벽화 등

☆ 고구려의 문화유산에는 고분 벽화와 불상과 같은 불교 문화유산이 있어요. 옛사람들이 남긴 무덤인 고분 안에는 무덤의 주인이 살아 있을 때 사용하던 물건과 생활 도구를 함께 묻었고, 무덤 벽과 천장에 그림을 그리기도 했어요. 왜냐하면 옛날 사람들은 죽고 난 후에도 생전에 누리던 삶이 이어진다고 생각했기 때문이에요.

☆ 고분 벽화를 보면 그 당시 사람들의 의식주, 종교 등과 관련된 생활 모습을 알 수 있답니다.

안악 3호분의 부엌과 고기 창고 그림

- 고구려 사람들의 부엌의 모습과 먹는 음식을 알 수 있음.
- 노루, 멧돼지 등 여러 동물을 잡아서 먹었던 것 같음.

무용총의 접객도

작은 사람들이 시중을 들고 있는 것으로 보아 사람의 크기가 신분을 나타냄을 알 수 있음.

삼국 시대 사람들은 불교를 받아들여 불상, 탑과 절 등 불교와 관련 있는 문화유산을 많이 남겼어요. 신라 땅에서 발견된 ☆ 고구려의 금동 연가 7년명 여래 입상은 만들어진 시기를 알 수 있는 가장 오래된˙금동불이에요.

˙금동불: 구리로 만들고 얇은 금을 입힌 불상.

앞

뒤

금동 연가 7년명 여래 입상 ▶
뒷면에는 불상을 만든 시기(연가 7년)와
불상을 만든 까닭이 새겨져 있음.

백제의 문화유산! 무령왕릉 등

☆ 백제의 대표적인 문화유산에는 무령왕릉, 백제 금동 대향로, 미륵사지 등이 있어요.

무령왕릉을 통해 백제가 주변 나라들과 활발하게 교류했다는 것을 알 수 있으며, 백제 금동 대향로를 통해 백제 사람들이 뛰어난 예술 능력을 가졌음을 알 수 있어요.

▲ 무령왕릉에서 출토된 일본 소나무로 만든 관의 일부

▲ 왕이 사용한 금제 관식

▽ 무령왕릉에서 출토된 중국 도자기

▲ **무령왕릉**(모형, 국립 공주 박물관) 무령왕릉에서 일본 소나무와 중국 도자기가 발견되었다는 것은, 백제가 일본·중국 등 주변 나라들과 활발하게 교류했음을 알려 줘요.

◀ **백제 금동 대향로**(국립 부여 박물관) 정교하고 아름다운 공예품을 살펴보면, 백제 사람들이 뛰어난 예술 감각을 가졌다는 것을 알 수 있어요.

*미륵사지 석탑을 살펴보면, 백제에서도 불교문화가 발달했다는 것을 알 수 있지요.

◀ **복원된 익산 미륵사지 석탑** 우리나라에 남아 있는 석탑 중에서 가장 크고 오래된 석탑입니다. 이 탑은 목탑의 모습을 본떠 잘 다듬은 돌을 쌓아 만들었어요.

▼ **미륵사지 복원도(상상화)** 백제 무왕이 지은 미륵사는 백제에서 규모가 가장 큰 절이었어요. 현재는 익산 미륵사지 석탑과 건물의 터만이 남아 있어요.

*미륵사지: 미륵사가 있던 자리라는 뜻으로, '지'라는 말은 원래 있던 건물은 없어지고 터만 남아 있다는 의미임.

백제 역사 유적 지구

　백제의 옛 도읍지들이 있던 지역인 공주시, 부여군, 익산시의 유적지들을 묶어 '백제 역사 유적 지구'라고 해요. 유네스코는 이곳의 문화유산이 삼국 시대 우리나라와 일본, 중국과의 관계뿐 아니라 백제의 문화적 특징도 잘 보여 준다는 점을 인정해 백제 역사 유적 지구를 세계 유산으로 선정했어요.

▲ 공주 공산성

▲ 익산 미륵사지

▲ 부여 정림사지

▲ 백제 역사 유적 지구

31

신라의 문화유산! 첨성대 등

☆ 신라의 문화유산에는 고분과 불교 문화유산뿐만 아니라 첨성대 등의 과학 유산도 있어요. 신라의 도읍지였던 경주에 있는 고분에서는 금으로 만든 장신구, 도기, 유리병 등 신라의 화려한 문화와 활발한 대외 교류를 보여 주는 문화유산이 많이 발견되었어요.

☆ 신라는 불교를 받아들인 이후에 백성들의 힘을 하나로 모으고 왕의 권위를 내세우려고 불교를 적극적으로 이용했어요. 그래서 절과 탑을 많이 세웠는데 특히 선덕 여왕은 분황사와 황룡사 9층 목탑 등을 만들어 불교의 힘으로 이웃 나라의 위협을 막아 내고 나라의 힘을 모으려고 했어요.

☆ 신라에서는 천문 과학 기술도 발전했어요. 첨성대에서 하늘의 별자리, 해와 달의 모습 등을 관찰해 농사 시기를 예측하고 나라의 중요한 일도 결정했어요.

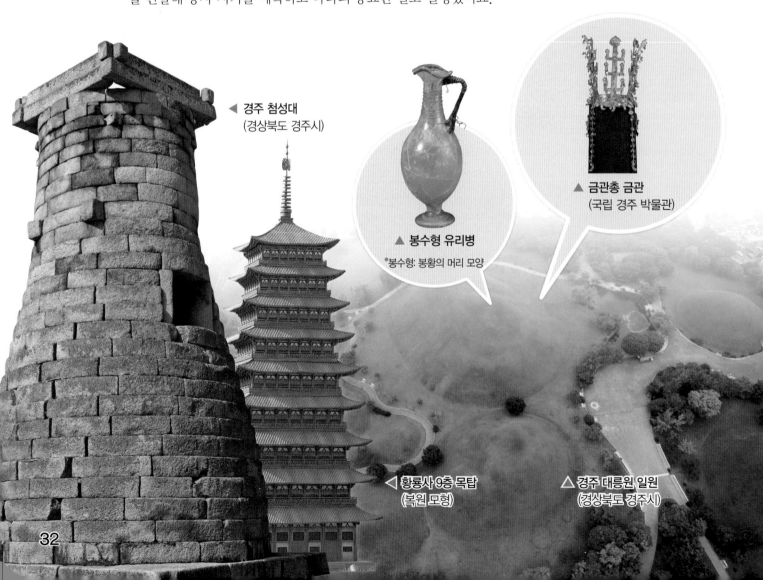

◀ 경주 첨성대
(경상북도 경주시)

▲ 봉수형 유리병
*봉수형: 봉황의 머리 모양

▲ 금관총 금관
(국립 경주 박물관)

◁ 황룡사 9층 목탑
(복원 모형)

△ 경주 대릉원 일원
(경상북도 경주시)

가야의 문화유산! 철기 등

☆ 가야의 문화유산에는 철로 만든 갑옷과 투구, 가야금 등이 있어요.

☆ 가야는 철의 생산량이 많고 질도 좋아서 철을 이용해 다른 나라와 활발히 교역했어요. 가야 사람들은 철을 이용해 다른 나라보다 우수한 칼과 창, 갑옷 등을 만들었죠.

가야의 고분은 산의 능선을 따라 만들었다는 점에서 삼국과 다르고, 가야금은 가 야의 악기로 당시 음악을 짐작할 수 있게 해 줘요.

◀ 철제 갑옷과 투구
(국립 김해 박물관)

▲ 고령 지산동 고분군(경상북도 고령군)

▲ 가야금

가야와 주변 나라들의 교류

철을 이용해 물건을 만들면서 사람들의 생활 모습이 바뀌고 사회가 발전했어요. 가야는 일정한 모양과 무게를 가진 철덩어리인 '덩이쇠'를 만들어 철기의 소재로 쓰거나, 물건을 사고팔 때 돈으로 사용했습니다. 또, 가야는 바닷길을 이용해 철과 철기를 일본으로 수출했어요. 이러한 사실은 가야에서 많이 발견되는 배모양 유물을 통해 알 수 있어요.

▲ 돈으로 쓰인 덩이쇠
(국립 김해 박물관)

▲ 배 모양 토기
(국립 김해 박물관)

우수해! 신라의 불국사와 석굴암

통일을 이룩한 신라에서는 불교문화가 한층 더 발전하여 불국사와 석굴암이 만들어졌어요.
☆ 신라의 불교문화를 대표하는 불국사와 석굴암은 건축물이 아름답고 사용된 건축 기술이 우수
하여 유네스코 세계 유산으로 지정되었답니다.

불국사

불국사는 경상북도 경주시 토함산에 있는 절로, 불국사라는 이름에는 '불국토로 이끄는 절'이
라는 뜻이 담겨 있어요. 불국사에는 삼층 석탑과 다보탑, 청운교와 백운교, 연화교와 칠보교 등
많은 불교 문화유산이 남아 있어요.

▲ 불국사 삼층 석탑
(석가탑)

▲ 불국사 다보탑

▲ 불국사 청운교와 백운교

▲ 불국사 연화교와 칠보교

▲ **무구정광대다라니경** 현재 남아 있는
목판 인쇄물 중 가장 오래된 것으로, 불
국사 삼층 석탑 안에서 발견되었어요.

삼층 석탑

다보탑

칠보교

연화교

청운교

백운교

신라의 재상 김대성이
전생의 부모를 위해 석굴암을
만들고 현생의 부모를 위해
불국사를 만들었다는 이야기가
전해지고 있어요.

석굴암

석굴암은 화강암을 쌓아 올려 동굴처럼 만든 신라 시대의 절이에요. 석굴암 내부에는 본존불과 불교의 여러 신과 불교와 관련된 인물들이 조각되어 있는 방이 있어요.

▲ 석굴암 천장

◀ 석굴암의 천장은 여러 개의 돌을 아치형으로 쌓아 올리고 정상에는 크고 둥근 돌을 한 장 얹어 완성했어요. 이는 다른 나라에서는 찾아보기 힘든 높은 수준의 기술이에요.

★ 여기서 잠깐!

석굴암에 숨겨진 과학 기술
석굴암 본존불 뒤의 벽면에는 두광을 나타내는 연꽃무늬 조각이 있는데 기도를 하는 위치에서 보면 불상의 머리가 두광의 중앙에 오도록 만들어졌어요.
석굴암은 높은 기온과 습기로 동굴 내부가 훼손되는 것을 막으려고 바닥에 항상 차가운 물이 흐르게 했어요. 그러면 석굴 안의 습기가 바닥으로 모여 땅속으로 스며들기 때문에 내부 공기는 항상 건조한 상태를 유지할 수 있었어요.

▲ 석굴암 석굴의 내부 구조

석굴암 석굴(경상북도 경주시)

삼국에 불교 문화유산이 많은 까닭

고구려	금동 연가 7년명 여래 입상
백제	미륵사, 익산 미륵사지 석탑
신라	황룡사 9층 목탑, 경주 불국사, 경주 석굴암

▲ 삼국의 불교 문화유산

고대 불교에는 '왕이 곧 부처이다.'라는 사상이 있었어요. 그래서 고구려, 백제, 신라의 왕들은 왕의 힘을 강화하기 위해 중국으로부터 불교를 받아들여 백성에게 장려했어요.
또 국민들이 같은 종교를 믿게 된다면 이들을 단결시키기도 좋겠지요. 이 때문에 삼국은 불교 문화유산을 많이 만드는 등의 노력을 통해 백성들이 불교를 믿게 하려고 했지요.

재미있는 개념 퀴즈!

1 신라의 삼국 통일을 주제로 하여 사건이 일어난 순서대로 동영상을 만들려고 해요. ㉠~㉣ 사건을 순서에 맞게 나열하여 기호를 쓰세요.

✏️ [　] → [　] → [　] → 신라 군대가 당 군대 격파 → [　]

2 다섯 고개 놀이를 하고 있어요 힌트를 읽고 알맞은 나라를 빈칸에 쓰세요.

✏️ [　　　　　　　　　]

3 다음 ❶～❽의 문화유산 사진을 나라별로 구분하여 사진첩에 정리하려고 해요. 나라별 사진첩에 번호를 써서 사진첩을 완성한 후, 빈칸에 알맞은 말을 쓰세요.

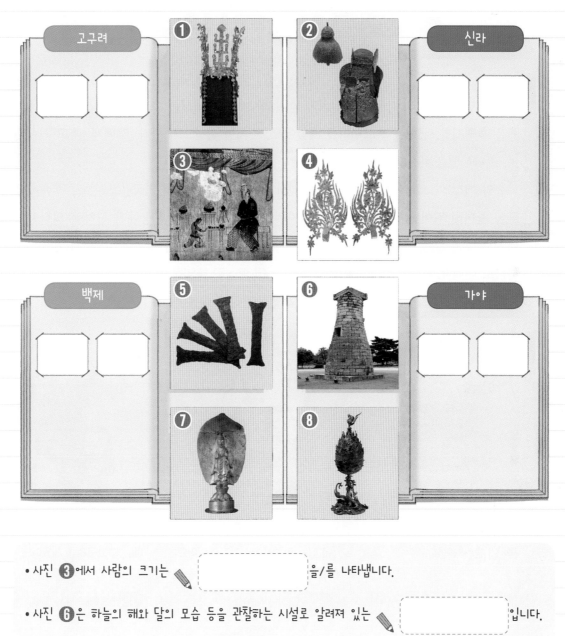

- 사진 ❸에서 사람의 크기는 ✏️ [　　　　　　] 을/를 나타냅니다.

- 사진 ❻은 하늘의 해와 달의 모습 등을 관찰하는 시설로 알려져 있는 ✏️ [　　　　　　] 입니다.

후삼국을 통일한 나라는? 고려

*호족: 신라 말~고려 초에 활동한 지방 세력. 군사, 경제력을 바탕으로 각 지방을 다스림.

신라 말, 귀족들의 다툼으로 정치가 혼란해지자 지방에서는 호족들이 등장했는데, 이 중 견훤은 후백제를, 궁예는 후고구려를 세웠어요. 이처럼 한반도가 신라, 후백제, 후고구려(훗날 고려)로 나뉘었을 때를 후삼국 시대라고 해요.

송악(개성)의 호족인 왕건은 궁예의 신하가 되어 후고구려의 건국을 도왔고, 후백제와의 전투에 참여해 뛰어난 공을 세우며 높은 지위에 올랐어요. 하지만 궁예가 신하를 의심하고 죽이며 일부 호족들을 억압하자 ☆ 왕건은 궁예를 몰아내고 고려를 세워요. 이후 신라가 고려에 항복하고 후백제가 멸망했어요. 이로써 ☆ 왕건이 후삼국 통일을 이루게 된답니다.

다음은 고려의 건국과 후삼국의 통일 과정을 정리한 내용이에요.

900년
후백제 건국

901년
후고구려 건국

918년
고려 건국

936년
고려, 후삼국 통일

993년
서희의 외교 담판

1019년
귀주 대첩

1236~1251년
팔만대장경 제작

1377년
『직지심체요절』 제작

1 신라 말의 정치 혼란

신라 말 귀족들의 왕위 다툼으로 정치가 혼란했어요.

2 호족의 성장

나라가 혼란해지자 지방에서 새로운 정치 세력인 호족이 등장했어요.

3 후삼국의 성립

여러 호족 중 견훤은 후백제를, 궁예는 후고구려를 세웠어요.

4 고려 건국

궁예의 부하였던 왕건은 폭정을 일삼는 궁예를 몰아내고 고려를 세웠어요(918년).

5 신라 항복

힘이 약해진 신라가 스스로 고려에 항복했어요(935년).

6 후백제 멸망, 후삼국 통일

고려는 왕위 다툼으로 힘이 약해진 후백제를 물리쳐 후삼국을 통일했어요(936년).

☆ 태조 왕건은 불교를 장려하고, 백성의 생활을 안정시키며, 호족을 견제하고 동시에 존중하기도 하는 정책을 펼쳤어요. 또 발해 유민을 받아들이고, 북쪽으로 영토를 넓히기도 했답니다.

불교 장려

절을 많이 짓고 불교 행사를 성대하게 치르는 등 불교를 장려했어요.

민생 안정

세금을 줄여 백성의 생활을 안정시키고, 가난한 사람들이 굶주리지 않도록 힘썼어요.

호족 견제·존중

정치를 안정시키려고 호족을 적절히 견제하되 존중하면서 나라를 다스렸어요.

발해 유민 수용

거란이 발해를 멸망시키자 발해 유민을 받아들여 민족 통합을 이루었어요.

북진 정책

고구려의 옛 땅을 되찾겠다고 하며 북쪽으로 점차 영토를 넓혀 나갔어요.

★ 여기서 잠깐! **고려는 황제 국가**

황제의 관을 쓰고 있는 태조 왕건 청동상에서 고려가 황제 국가임을 드러내고자 했음을 알 수 있어요

왕은 황제보다 권위가 낮은 호칭이에요. 고려는 내부적으로는 황제라 칭했지만 외국과 교류할 때는 상대 국가에 따라 황제, 왕이라는 말을 달리 사용했어요.

왕건과 호족의 관계

왕건은 호족을 견제하기도 했지만 대체로 호족들과 좋은 관계를 유지하려고 했다. 그는 호족의 딸들과 결혼하여 부인이 스물아홉 명이었다. 왕건은 이들 사이에서 아들 스물다섯 명과 딸 아홉 명을 낳았다.

왕건은 결혼을 통해 호족을 자신의 편으로 만들었어요. 즉, 결혼 정책 덕분에 왕건은 호족들과 좋은 관계를 유지할 수 있었어요. 하지만, 왕건이 죽은 후에 자식들 간에 왕위 다툼이 많이 일어났어요.

거란의 침입 극복! 서희와 강감찬

당이 멸망한 후, 당의 북쪽 지역에서 세력을 키운 거란이 나라를 세웠고, 중국 대륙은 송에 의해 다시 통일되었어요. 고려는 거란이 세력을 확장하고 발해까지 멸망시키자 거란을 경계했고, 송이 건국되자 송과 우호적으로 지냈어요.

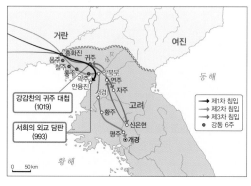

▲ 거란의 침입로

1 거란의 1차 침입

처음에 거란은 고려와 송의 관계를 끊으려고 고려에 침입했어요. 거란과의 첫 전투에서 고려가 패배하자 고려에서 위기감이 높아졌어요. 왕과 대응 방안을 논의할 때 일부 신하는 거란에 항복해야 한다고 했지만 서희는 거란과 계속 싸워야 한다고 주장했어요.

이러한 가운데 고려가 거란의 추가 공격을 막아 내자, 거란의 장수 소손녕은 고려를 위협하며 시간을 끌었어요. 이에 서희는 거란이 고려를 정복하기 위해 침입한 것이 아니라 고려와 송의 관계를 끊기 위해 침입했다는 점을 눈치챘어요. 그래서 서희는 적의 진영으로 가서 소손녕과 담판을 벌였습니다.

▲ 서희와 소손녕의 대화

서희의 담판(993년)을 통해 고려는 송과 관계를 끊고 거란과 교류할 것을 약속했고 거란은 스스로 물러갔어요. 그리고 고려는 압록강 동쪽의 전략적 요충지인 강동 6주를 차지하게 되었지요.

2 거란의 2차 침입

고려는 다시 거란의 침입을 받아 한때 개경을 빼앗기기도 했어요. 그러나 고려는 돌아가는 거란을 끈질기게 공격해 많은 피해를 주었답니다.

3 거란의 3차 침입

거란은 2차 침입 이후 고려에 군사, 교통 면에서 중요한 곳이던 강동 6주를 돌려 달라고 요구했어요. 그러나 고려는 강동 6주를 돌려주려 않았을 뿐만 아니라 고려의 왕이 거란 황제를 만나러 간다는 약속도 지키지 않았어요. 그러자 거란은 고려를 다시 침입해 왔어요.

고려는 거란의 침입을 예상하고 강감찬에게 물자를 준비시키고 군사를 훈련시키는 등의 대비를 하고 있었어요. 그리하여 거란이 고려를 침입해 왔음에도 고려는 계속된 전투에서 승리할 수 있었어요. 그러나 거란은 패배하면서도 계속 개경(개성)을 향해 나아갔어요. 고려는 개경 부근의 군인과 사람들을 성안으로 들어오게 해 성 밖에 식량이나 물자를 남기지 않았어요. 이에 거란은 승리할 수 없음을 깨닫고 돌아갔어요. ☆강감찬을 비롯한 고려군은 돌아가는 거란군을 귀주에서 크게 물리쳤는데, 이를 귀주 대첩(1019년)이라고 해요.

귀주 대첩에서 활약한 강감찬

장군으로 알려진 강감찬은 글공부를 해 과거에 급제한 사람이었어요. 그는 거란의 2차 침입 때 왕을 피난시키는 공을 세웠고, 거란의 3차 침입 때에는 70세의 나이로 고려군을 총지휘했지요.

체격과 용모가 작고 초라했으며 의복은 때가 끼고 해져 보통 사람과 다를 바 없었으나 엄정한 얼굴빛으로 조정에 서서 큰일에 임할 때마다 위대한 계책을 결정하며……

– 『고려사절요』

강감찬을 설명한 역사 기록 ▶

몽골의 침입 저항! 강화 천도와 삼별초

1 몽골의 1차 침입

북쪽의 여러 유목 민족 중 하나인 몽골은 칭기즈 칸이 부족을 통일하여 세력이 강해지자 주변 나라들을 침입했어요. 몽골은 주변 나라에 물자를 바칠 것을 요구했고, 고려에도 사신을 보내 물자를 바칠 것을 무리하게 요구했어요. 그러던 중 고려에 온 몽골의 사신이 돌아가는 길에 죽자, 몽골은 이를 구실로 고려를 침입해 왔어요.

2 고려의 오랜 항전

몽골의 1차 침입 이후 고려는 도읍을 개경에서 강화도로 옮기고 몽골에 맞서 싸웠어요. 고려군은 주로 산성이나 섬으로 들어가 몽골군과 싸웠으며, 귀주성, 처인성, 충주성 등에서 몽골군을 물리치기도 했어요. 그러나 고려는 오랜 전쟁으로 수많은 사람이 죽거나 포로로 끌려가고 국토가 황폐해졌으며, 황룡사 9층 목탑 등의 문화재가 불에 타는 피해를 입었어요.

> **몽골의 6차 침입**
>
> 몽골 군사에게 포로로 잡힌 남녀가 20만 6천8백여 명이나 되고, 죽임을 당한 사람이 이루 헤아릴 수 없었으며, 몽골 군사들이 거쳐 간 고을들은 모두 잿더미가 되었으니……
>
> – 『고려사절요』 1254년

처인성
흙으로 만든 작은 성이에요. 몽골의 2차 침입 때 이곳에서 김윤후를 비롯한 백성들이 적장 살리타를 죽이고 몽골군을 물리쳤어요.

처인성승첩기념비

3 개경 환도와 삼별초의 항쟁

강화도가 몽골에 함락되지는 않았지만 육지에서 입은 막대한 피해로 고려는 더 이상 전쟁을 지속하기 어려웠어요. 고려의 왕과 일부 신하는 몽골로부터 전쟁을 멈추겠다는 약속을 받고 강화도에서 개경으로 돌아왔어요. 그러나 이에 반발한 ☆*삼별초라 불리는 일부 군인들은 근거지를 진도와 탐라(제주)로 옮겨 가며 고려 조정과 몽골에 끝까지 저항했으나 결국 실패했답니다.

이후 고려는 몽골의 간섭을 받기는 했지만 끈질긴 항쟁과 외교적인 노력을 인정받아 나라를 유지하고 고유의 문화를 지킬 수 있었어요.

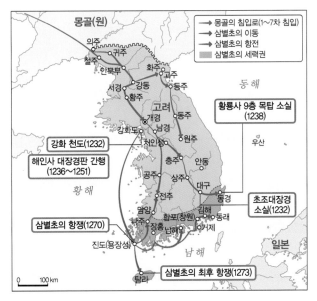

*삼별초: 원래 최씨 무신 정권의 사병이었는데, 몽골의 침략에 대항하는 군대로 편성되어 마지막까지 몽골과 싸웠음.

▲ 몽골의 침입로

몽골의 침입을 받으면서 고려의 국력이 약해졌어. 끈질긴 항쟁으로 나라는 유지했지만, 몽골(원)의 정치 간섭을 받게 되지.

고려가 강화도로 도읍을 옮긴 까닭

몽골은 바다가 없는 지역에서 발전한 나라라서, 배를 만들거나 바다에서 전투하는 것에 약했어요. 강화도는 육지와 매우 가까운 섬이지만 물살이 매우 빠르고 갯벌에 넓게 형성되어 있어 몽골군이 침략하기 어려운 지역이었어요. 또한 섬이 넓어서 많은 사람이 지낼 수 있었으며 뱃길로 육지의 세금과 각종 물건을 옮겨 올 수 있었어요. 그래서 고려는 강화도로 도읍을 옮겨 몽골에 맞서 싸우려고 했어요.

▲ 고려 시대의 강화도

고려의 문화유산!
고려청자, 팔만대장경, 금속 활자

고려 시대에는 문화가 크게 발달했어요. 특히 고려청자와 팔만대장경, 금속 활자 인쇄본인 『직지심체요절』 등은 그 우수성을 세계적으로 인정받고 있는 문화재들이에요.

고려청자

고려청자는 고려 시대를 대표하는 예술품이에요. 청자를 만드는 기술은 중국에서 들어왔지만 ☆ 고려는 상감이라는 공예 기법을 도자기에 적용해 상감 청자라는 독창적인 예술품을 만들어 냈어요. 청자의 상감 기법은 표면에 무늬를 내고, 거기에 다른 흙을 메운 후 유약을 발라 굽는 방법이에요.

청자를 만들려면 그릇을 만드는 흙의 종류부터 달라야 했어요. 또한 청자를 구울 때 높은 온도를 일정하게 유지하려면 가마를 만드는 기술과 불을 다루는 기술이 뛰어나야 했어요. 또, 광택이 나고 단단한 청자를 만들려면 유약을 만드는 기술도 뛰어나야 했지요. 고려청자를 보면 고려 사람들의 도예 기술이 얼마나 뛰어났는지 알 수 있어요.

☆ 고려청자는 주전자, 의자, 찻잔, 베개, 향로 등 다양한 용도로 쓰였으며 만들기가 어렵고 가치가 높은 제품이라 왕실과 귀족들이 주로 사용했어요. 찻잔뿐만 아니라 의자까지 청자로 만들었다는 사실을 통해 당시 귀족들의 화려한 문화를 엿볼 수 있답니다.

다양한 고려청자

▲ 청자 상감 모란문 표주박모양 주전자
(국립 중앙 박물관)

▲ 청자 투각 고리문 의자
(이화여자대학교 박물관)

▲ 청자 칠보 투각 향로
(국립 중앙 박물관)

▲ 청자 찻잔
(국립 중앙 박물관)

▲ 청자 상감 운학무늬 매병
(간송 미술관)

팔만대장경

*대장경: 불교 경전을 모두 모아 놓은 것.

고려 사람들은 외적의 침입과 같은 큰일이 생기면 부처의 힘에 의지해 어려움을 극복하려고 했어요. 그래서 사람들의 마음을 하나로 모아 *대장경을 만들었어요.

고려는 몽골 침입 이전에 이미 대장경을 만들었었어요(초조대장경). 그러나 ☆ 몽골의 침입으로 초조대장경이 불에 타자 부처의 힘으로 몽골의 침입을 이겨 내고자 대장경을 다시 만들었는데 이를 '팔만대장경(재조대장경)'이라고 불러요. 팔만대장경은 초조대장경을 바탕으로 송, 거란에서 들여온 대장경과 비교해 만들었어요. 대장경은 불교에 관한 지식이 매우 높아야 만들 수 있는데, 팔만대장경은 지금까지 전해지는 대장경 가운데 가장 완성도가 높아요. 팔만대장경을 통해 고려 불교문화의 우수성을 알 수 있어요.

팔만대장경판을 만드는 과정

나무를 잘라 바닷물에 2년간 담가 두기

나무를 알맞은 크기로 자른 뒤 소금물에 삶기

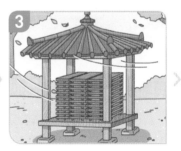

바람이 잘 드는 그늘에서 1년간 말리기

일정한 크기로 잘라 글자 새기기

새긴 목판을 한 장씩 찍어 내 보고 틀린 글자 골라내기

귀퉁이를 구리판으로 마감하고 옻칠을 해 보관하기

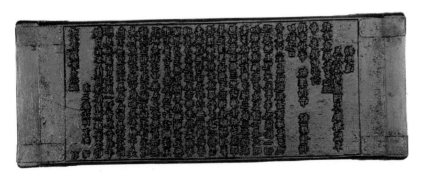

◀ **합천 해인사 대장경판**
대장경판은 양면으로 새겨져 있으며, 나무의 뒤틀림을 막으려고 귀퉁이를 구리판으로 마감하였어요.

팔만대장경판은 십여 년간 목판 8만여 장에 불경을 새긴 것인데도, 글자가 고르고 틀린 글자도 거의 없어요. 이를 통해 고려의 목판 제조술, 조각술, 인쇄술 등이 매우 뛰어났음을 알 수 있어요.

☆ 팔만대장경판은 현재 유네스코 세계 기록 유산으로 등재되어 있으며, 이를 보관하는 장경판전도 유네스코 세계 유산으로 등재되어 있어요.

합천 해인사 장경판전 내부 ▶
조선 시대에 건축된 장경판전은 바닥 속에 숯·횟가루·소금·모래를 넣고, 바람이 통하도록 창을 내어 습도를 조절할 수 있게 과학적으로 설계되었어요. 이 덕분에 대장경판을 현재까지 잘 보존할 수 있었지요.

금속 활자

고려 시대에는 목판 인쇄술뿐만 아니라 금속 활자 인쇄술도 발달했어요. 금속 활자로 인쇄를 하려면, 금속 활자를 만드는 기술뿐만 아니라 먹과 종이를 만드는 기술도 함께 발달해야 했기 때문에 금속 활자 인쇄술은 쉽게 발전하기 어려운 고도의 기술이었어요.

다음은 목판 인쇄술과 금속 활자 인쇄술을 비교한 내용이에요.

목판 인쇄술

장점
같은 책을 많이 인쇄하는 데 효율적임.

단점
• 중간에 글자가 틀리면 새 나무에 처음부터 다시 새겨야 하는 불편함이 있음.
• 제작하는 데 시간이 오래 걸림.
• 갈라지거나 휘어지는 나무의 성질 때문에 보관하기 어려움.

금속 활자 인쇄술

장점
• 판을 새로 짤 수 있어 여러 종류의 책을 만드는 데 효율적임.
• 금속으로 만들어져 쉽게 마모되지 않고 보관이 쉬웠음.

한계
만들기가 어려워 정보의 생산과 유통으로 이어지지 못했음.

경남 합천 해인사

☆ 오늘날 전해지는 금속 활자 인쇄본 중 가장 오래된 것은 『직지심체요절』이에요. 『직지심체요절』은 불교의 가르침 중에서 깨달음에 관한 내용을 정리한 것으로 유네스코 세계 기록 유산으로 등재되었답니다.

▲ 『직지심체요절』
1377년 청주 흥덕사에서 인쇄된 책으로, 유럽 최초의 금속 활자보다 70여 년 이상 앞서 제작되었어요. 프랑스 파리의 국립 도서관에 근무하던 박병선에 의해 유럽의 것보다 더 오래된 금속 활자본이라는 것이 알려졌으며, 현재 프랑스 국립 도서관에 보관되어 있어요.

금속 활자의 제작과 인쇄 과정

밀랍자 새기기

밀랍 활자 만들기

쇳물 붓기

금속 활자 만들기

조판하기

인쇄하기

앞

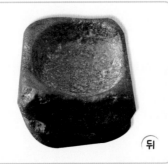
뒤

◀ 고려 시대의 금속 활자
(국립 중앙 박물관)

재미있는 개념 퀴즈!

1 고려의 후삼국 통일 과정에 대한 문제가 담긴 카드예요. 카드에 적힌 문제의 답이 ①이면 ➡, ②이면 ➡를 따라가면 후삼국 통일 카드에 도착할 수 있대요. 후삼국 통일 카드에 이르는 길을 선으로 연결하세요.

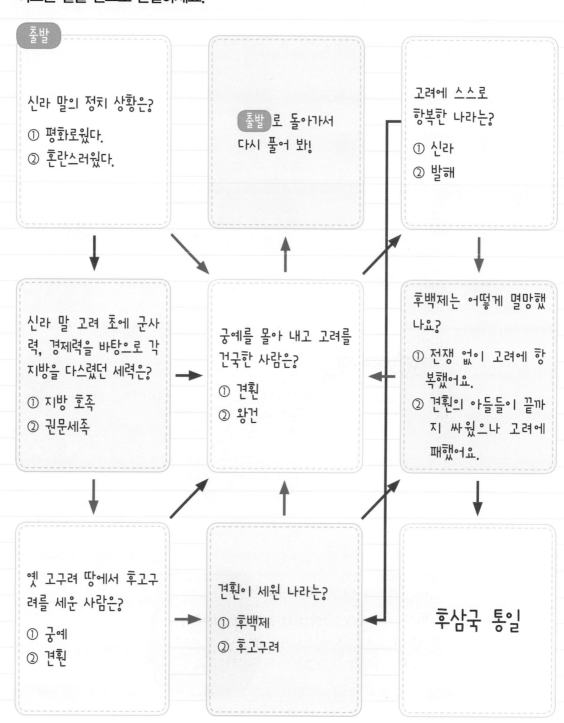

출발

신라 말의 정치 상황은?

① 평화로웠다.
② 혼란스러웠다.

출발로 돌아가서 다시 풀어 봐!

고려에 스스로 항복한 나라는?

① 신라
② 발해

신라 말 고려 초에 군사력, 경제력을 바탕으로 각 지방을 다스렸던 세력은?

① 지방 호족
② 권문세족

궁예를 몰아 내고 고려를 건국한 사람은?

① 견훤
② 왕건

후백제는 어떻게 멸망했나요?

① 전쟁 없이 고려에 항복했어요.
② 견훤의 아들들이 끝까지 싸웠으나 고려에 패했어요.

옛 고구려 땅에서 후고구려를 세운 사람은?

① 궁예
② 견훤

견훤이 세운 나라는?

① 후백제
② 후고구려

후삼국 통일

2 세 가지 질문에 알맞은 답이 적힌 답판을 가지고 결승점에 도착하는 사람이 이기는 놀이입니다. 현재 서 있는 레인으로 계속 달린다면 이 놀이에서 이길 수 있는 어린이가 있네요. 그 어린이는 누구인지 쓰세요.

3 다음 문화유산 중 고려 시대에 만들어진 것을 모두 골라 ○표 하세요.

▲ 청자 상감 운학무늬 매병

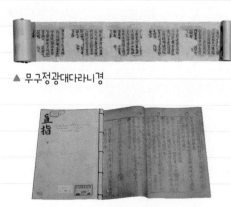

▲ 무구정광대다라니경

▲ 『직지심체요절』

▲ 상경성 발해 석등

고려를 무너뜨린 나라는? 조선

고려 말, 홍건적과 왜구의 침략과 *권문세족의 횡포로 사회가 혼란스러워지자 *신진 사대부들은 신흥 무인 세력과 손잡고 사회 문제를 해결하려고 했어요. 이들 중 ⭐ 정도전을 중심으로 하는 신진 사대부와 신흥 무인 세력인 이성계가 힘을 합쳐 고려를 무너뜨리고 조선을 건국했어요. 이후 이성계(태조)는 도읍을 개경(개성)에서 오늘날의 서울인 한양으로 옮겼습니다.

다음은 조선의 건국 과정을 정리한 내용이에요.

1392년
조선 건국

1443년
훈민정음 창제

1476년
『경국대전』 완성

1592년
임진왜란

1636년
병자호란

*권문세족: 고려 후기 지배 세력으로 대대로 권력이 있던 집안, 무신 정권의 자손들, 원(몽골이 세운 나라)의 힘을 이용해 성장한 계층 등이 속함.
*신진 사대부: 고려 말에 등장한 새로운 정치 세력으로 성리학을 공부하고 과거 시험으로 관리가 된 사람들.

1 고려 말의 사회 혼란

나라 밖에서는 홍건적과 왜구가 고려를 침략했고, 나라 안에서는 권문세족의 횡포로 사회가 혼란스러웠어요.

2 신진 사대부와 신흥 무인 세력의 연합

고려 말에 새로 등장한 신진 사대부들은 외적의 침입을 물리치며 성장한 신흥 무인 세력과 손을 잡았어요.

3 위화도 회군

이성계는 요동을 정벌하러 가다가 위화도에서 군대를 돌려 개경으로 돌아와 반대 세력을 몰아내고 권력을 잡았어요.

4 고려 개혁파와 조선 개국파의 갈등

신진 사대부는 정몽주 중심의 고려 개혁파와 정도전 중심의 조선 개국파로 나뉘어 갈등하였어요.

5 토지 제도 개혁

조선 개국파는 과전법을 실시하여 토지 제도를 개혁하는 데 성공했어요.

6 이성계의 조선 건국

이성계의 아들인 이방원이 정몽주를 죽였고, 이성계 중심의 세력이 고려를 멸망시키고 새로운 왕조를 열었어요.

조선의 도읍, 한양에 대해 알아보자.

조선이 도읍으로 삼은 한양은 삼국 시대부터 지리적 이점이 많은 곳이었어요. 한양에는 도로가 발달했고 한강을 이용해 물자를 옮기기도 좋아서 교통이 편리했어요. 또, 농사짓고 생활하기에도 좋았답니다.

조선은*유교 정치 이념을 내세우며 세워진 나라였기에, 한양에 새로 세운 궁궐과 사대문의 이름을 붙일 때 이름에 유교에서 강조하는 덕목을 담았어요. 임금이 덕으로써 나라를 다스려 만 년 동안 큰 복을 누리라는 뜻으로 지은 '경복'궁과 예의를 소중히 하라는 뜻으로 지은 '숭례' 문이 대표적인 예랍니다.

*유교: 공자의 가르침을 따르며 나라에 충성하고 부모에게 효도하는 것을 중요시하는 학문.

한양의 사대문은 유교에서 사람이 마땅히 갖춰야 할 다섯 가지 덕목인 인의예지신(仁義禮智信)에서 이름을 땄어.

숙정문

북쪽 문으로 지혜로움(智)의 의미를 담고 있으나 정숙하고 조용하기를 바라는 의미로 숙정이라 했음.

조선 시대 한양의 모습

경복궁

임금이 덕으로 나라를 다스려 만 년 동안 큰 복을 누리라(景福)는 의미를 담았음.

흥인지문

동쪽 문으로 인자함(仁)을 일으켜야 한다는 의미를 담았음.

돈의문

서쪽 문으로 의리(義)를 지키고자 노력해야 한다는 의미를 담았음.

서울 숭례문

남쪽 문으로 예의(禮)를 존중한다는 의미를 담았음.

조선을 발전시킨 왕, 세종!

☆ 조선은 세종 대에 과학 기술, 문화, 국방 등 여러 분야가 크게 발전했습니다.

과학 기술의 발전

*장영실: 노비 출신이었지만, 조선 최고의 발명가로 혼천의, 자격루 등 여러 과학 기구를 만들었음.

세종은 고려 시대에 만들어진 여러 학문 연구 기관을 모아 집현전으로 확대 개편했어요. 집현전에서는 백성의 생활에 도움이 될 수 있는 과학 기구를 발명하여 보급하고, 『농사직설』과 같은 책을 만들었죠. 이때 *장영실같이 신분이 낮아도 기술이 뛰어난 사람이 있으면 관리로 뽑아 과학 기술을 개발하고 연구하도록 했어요.

세종 대에 만들어진 과학 기구를 쓰임새에 따라 구분하면 다음과 같아요.

농사에 도움을 주는 책과 과학 기구

▲ 『농사직설』 우리나라의 환경에 맞게 농사짓는 방법을 정리해 만든 책.

▶ 측우기 비가 내린 양을 측정하는 기구로, 각 지역별 기후를 파악하고 세금을 걷는 데 활용했음.

천체의 운행과 관련된 책과 과학 기구

▲ 『칠정산』 우리나라 실정에 맞는 달력.

▶ 혼천의 해와 달, 별의 움직임을 관찰하는 데 사용한 기구.

시각을 알려 주는 과학 기구

▲ 앙부일구 글을 읽을 줄 모르는 백성이 시각을 읽을 수 있게 그림을 새겨 넣은 해시계.

▶ 자격루 '스스로 종을 쳐서 시각을 알려 주는 물시계'로 2시간마다 서로 다른 동물 인형이 종과 북을 울려 시각을 알려 주었음.

문화의 발전

세종 대에는 우리나라의 실정에 맞는 음악이 발전하고, 인쇄술도 크게 발전하는 등 문화가 발전했어요. 또, ⭐ 세종 대에는 무엇보다 중요한 문화 발전인 훈민정음(한글) 창제가 이루어졌어요.

세종은 백성들이 글을 몰라 어려움을 겪자 이 문제를 해결하기 위해, 일부 신하들의 반대에도 불구하고 훈민정음을 만들었어요. 훈민정음은 혀와 입술의 모양을 본떠 만든 과학적인 글자로 한자보다 익히기 쉬웠어요. 성종 대에 이르러서는 『삼강행실도』 등 한자로 된 책들을 한글로 풀어 써서 널리 보급하게 됩니다.

국방의 발전

세종은 남쪽으로는 백성에게 피해를 많이 주던 왜구를 물리치려고 쓰시마섬을 정벌했고, 북쪽으로는 ⭐ 4군 6진을 개척해 조선의 국경을 압록강과 두만강까지 확대했어요.

또 고을의 자세한 내용을 기록한 『세종실록지리지』와 같은 지리책을 만들어 나랏일에 활용했답니다.

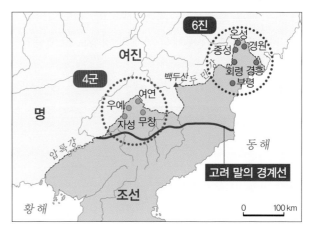

▲ 4군 6진

훈민정음을 만들고 난 후 바뀐 백성들의 삶

훈민정음이 만들어지고 나서 백성들은 나라에서 알리고자 하는 내용을 쉽게 알 수 있었고 자신의 생각을 우리글인 훈민정음으로 표현할 수 있게 되었어요.

세종은 새로 만든 우리 글자에 '백성을 가르치는 바른 소리'라는 뜻을 담아 '훈민정음(訓民正音)'이라는 이름을 붙였어요.

세종과 집현전 학사들은 훈민정음의 창제 이유와 사용법, 창제 원리 등을 설명하는 책을 썼는데, 그 책의 이름도 『훈민정음』이에요. 처음 만들어진 『훈민정음』 「해례본」은 한자로 되어 있었는데, 나중에 이 책을 한글로 풀어 쓴 책인 『훈민정음』 「언해본」도 만들어졌어요.

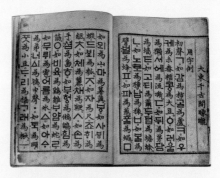

▲ 『훈민정음』 「해례본」

조선 사회의 바탕, 유교 질서!

☆ 조선을 건국한 신진 사대부들은 임금부터 백성들까지 모두 유교 질서에 따라 생활해야 한다고 생각했어요. 나라의 근본이 백성에게 있다는 유교의 가르침에 따라 왕은 백성을 위한 정치를 하려고 했고, 유교 정치 이념이 담긴 『경국대전』에 따라 나라를 다스렸습니다. 백성들은 나라에 충성하고 부모와 어른을 공경하며, 남자와 여자, 아이와 어른 사이의 예절을 지켜야 한다고 했어요. 오늘날 전해지는 혼인이나 장례, 제사 문화도 유교의 영향을 받은 것이에요. 하지만 사회 곳곳에서 불교의 영향도 오랫동안 지속되었다고 해요.

🌟 여기서 잠깐! **『경국대전』**

나라를 다스리는 가장 기본적인 법전으로 세조에서 성종 대에 걸쳐 완성되었어요. 6개 영역으로 나눠 군사, 교육, 외교 등의 내용을 담았지요.

☆ 조선 시대에는 태어날 때부터 신분이 정해져 있어 크게 양인과 천인으로 나뉘었어요. 양인은 양반, 중인, 상민으로 구분되었어요. 사람들은 유교적 질서에 따라 주어진 신분에 맞게 생활했어요.

관리가 되거나, 유교의 가르침이 담긴 책을 공부했음. **양반**

궁궐에서 그림을 그리거나 외국 사신을 맞이하며 통역을 담당하기도 했음. **중인**

신분에 따른 사람들의 생활 모습

대부분 농사를 지으며 나라에 큰 공사나 일이 있을 때 불려 가기도 했음. **상민**

양반의 집이나 관공서에서 허드렛일을 하거나 물건을 만드는 일을 했음. 따로 살면서 주인집에 *신공을 바치기도 했음. **천민**

*신공: 노비가 몸으로 일하는 대신 내는 돈이나 물건.

조선 전기에는 아들과 딸에게 재산을 고르게 물려줬고, 제사도 돌아가며 지냈어요. 여성은 결혼한 후에도 한동안 남편과 함께 친정에서 살았고, 양반 여성의 경우 밭을 사고파는 등의 경제 활동을 한 기록이 남아 있어요.

조선의 위기, 임진왜란과 병자호란!

임진왜란이 일어난 과정

1 임진왜란의 발발

건국 후 200년이 지나자 조선은 정치가 혼란해졌고, 오랫동안 평화를 누렸기 때문에 군사력도 약해졌어요. 반면 일본은 100년이 넘는 동안 전쟁을 하면서 군사들이 잘 훈련되어 있었지요. 일본에 다녀온 사신 중에는 일본과의 전쟁에 대비해야 한다는 신하와 대비하지 않아도 된다는 신하가 있었는데, 조선의 왕이었던 선조는 전쟁이 일어나지 않을 거라는 신하의 의견을 받아들여 전쟁 대비를 하지 않았어요.

전쟁을 끝내고 일본을 통일한 ☆도요토미 히데요시가 1592년 4월 13일 새벽에 부산으로 쳐들어오면서 임진왜란이 시작되었어요. 일본군은 부산진과 동래성을 순식간에 점령하고 한양(서울)으로 빠르게 진격했어요. 조선군은 일본군에게 계속해서 졌고, 선조는 한양을 버리고 의주까지*피란했죠.

*피란: 전쟁을 피해 안전한 곳으로 옮겨 가는 것.

2 임진왜란 극복을 위한 노력

이순신과 조선 수군의 활약

임진왜란이 일어나기 1년 전에 전라좌도 수군 절도사가 된 이순신은 거북선과 판옥선을 만들고 식량과 무기를 준비하는 등 일본군의 침입에 대비했어요.

조선 수군은 여수에서 출발해 거제 옥포만에서 일본 수군과 싸워 첫 승리를 거둔 후 이어지는 전투에서 모두 승리했어요. ☆계속된 승리로 조선 수군은 남해를 차지하여 전라도와 충청도의 곡창 지대를 지킬 수 있었고, 바다로 전쟁 물자를 보급하려던 일본군을 어려움을 겪었답니다.

이순신은 한산도에서 학이 날개를 펼친 듯 배를 배치하는 학익진 전법을 써서 일본군을 상대로 큰 승리를 거뒀어. 이게 지도에 표시된 한산도 대첩이지.

▲ 임진왜란 해전도

바다에서 이순신이 일본 수군을 막아 내고 있을 때 육지에서는 의병이 활약했어요. 의병은 자기 고장과 나라를 지키고자 스스로 외적에 맞서 싸우는 사람들을 말해요. 당시 양반에서 천민까지 다양한 신분의 사람들이 전국적으로 일어나 의병에 참여했어요. 경상도 의령의 곽재우는 자신의 재산으로 의병을 모아 여러 전투에서 일본군에게 승리를 거둔 의병장으로 유명했어요.

▲ 「행주 대첩도」

한편 명의 군대가 참전해 조선을 도왔고, 조선과 명의 연합군은 평양성에서 일본군을 상대로 승리를 거뒀어요. 조선과 명의 연합군은 한양을 되찾으려고 이동했고, 이때 권율은 행주산성에서 관군, 의병, 승병을 이끌고 일본군의 맹공격을 막아내고 결국 큰 승리를 거뒀는데, 이를 행주 대첩이라고 해요.

3 임진왜란의 종결

행주 대첩에서 패한 일본군은 강화 회담을 제안했으나 강화 회담은 실패했어요. 그러자 일본군은 다시 조선에 침입했는데, 이를 정유재란이라고 해요. 일본군이 다시 침략하자 이순신은 13척의 배로 명량 해협에서 큰 승리를 거두었어요. 얼마 후 도요토미 히데요시가 사망해 일본군이 조선에서 철수하면서 7년간의 긴 전쟁은 끝이 났어요.

병자호란이 일어난 과정

1 정묘호란의 발발

세력이 약해져 가던 명은 임진왜란에 참여한 이후 더욱 힘이 약해졌고, 명의 북쪽에서 후금이 크게 성장하여 명을 위협했어요. 명은 조선에 도움을 요청했지만, 조선의 광해군은 명과 후금 사이에서 신중한 중립 외교를 펼치며 전쟁에 휘말리지 않으려 했어요.

그러나 광해군의 중립 외교 정책이 명의 은혜를 저버리는 것이라고 비판하는 세력이 정변을 일으켜 광해군을 쫓아내고 인조를 왕으로 세웠어요. 인조가 명을 가까이 하고 후금을 멀리하는 외교 정책을 펼치자, 후금이 조선에 쳐들어왔는데, 이를 정묘호란이라고 해요. 조선의 관군과 의병은 후금에 맞서 싸웠으나 후금과의 전쟁에서 패했고, 조선은 후금과 형제 관계를 맺고 전쟁을 끝냈어요.

2 병자호란의 발발

세력을 더욱 키운 후금은 나라의 이름을 청으로 고치고, 정묘호란 때 맺은 '형제의 관계'를 '임금과 신하의 관계'로 바꾸자고 요구했어요. 조선이 청의 요구를 거절하자 청은 조선에 다시 침입했는데, 이를 병자호란이라고 해요.

3 병자호란의 종결

병자호란이 일어나자 인조는 남한산성으로 피신하였지만, 남한산성에는 전쟁 준비가 되어 있지 않았고 식량도 부족했어요. 상황은 점점 불리해졌고 강화도에 피란 간 왕족과 대신들까지 청의 포로가 되자, 결국 인조는 남한산성에서 나와 삼전도에서 청 태종에게 항복했어요.

결국 조선과 청은 신하와 임금의 관계를 맺었고, 소현 세자와 봉림 대군 그리고 많은 대신과 백성이 청에 인질로 끌려갔습니다.

▲ 삼전도비
청의 요구로 세워진 비석으로 인조가 굴욕적으로 항복한 사실을 기록하고 있어요.

청의 침입에 대한 조선 신하들의 대응

인조와 함께 남한산성으로 피신한 신하들은 청과 끝까지 싸우자고 주장하는 신하들과 청군과 싸움을 멈추고 화해하자는 신하들로 나뉘어 대립했어요.

왕세자를 인질로 보내라는 청군의 요구는 받아들일 수 없습니다. 청군과 끝까지 싸워야 합니다!

척화파 김상헌

VS

우리의 힘은 약하고 청군은 강합니다. 우선 청군과 화해한 후 힘을 길러 청을 물리쳐야 합니다.

주화파 최명길

재미있는 개념 퀴즈!

1 정연이가 역사 박물관에 갔어요. 갈림길에서 만나는 ○, × 퀴즈를 바르게 풀어야 박물관에서 나올 수 있어요. 박물관에서 나오는 길을 선으로 연결하세요.

2 조선 세종 대에 만들어진 과학 기구 카드와 과학 기구의 이름을 바르게 선으로 연결하세요.

비가 내린 양을 측정하는 기구.

해와 달, 별의 움직임을 관찰하는 데 사용한 기구.

백성이 시각을 읽을 수 있게 그림을 새겨 넣은 해시계.

스스로 종을 쳐서 시각을 알려 주는 물시계.

앙부일구

측우기

자격루

혼천의

3 ㉠~㉺은 임진왜란과 병자호란에 대한 설명이에요. 각 전쟁에 맞게 분류한 후, 사건 순서대로 기호를 쓰세요.

㉠ 일본은 1592년 4월 13일 부산으로 쳐들어왔어.

㉡ 도요토미 히데요시가 사망하면서 7년 간의 긴 전쟁은 끝이 났어.

㉢ 조선의 조정은 남한산성에 들어가 청나라에 계속 대항했어.

㉣ 조선은 청의 공격을 이기지 못하고, 굴욕적인 강화를 맺어야 했어.

㉤ 바다에서는 이순신 장군, 육지에서는 관군과 의병들이 왜군에 맞서 싸웠어.

㉥ 후금(청)은 조선에 신하의 예를 갖추라고 요구했고, 조선이 이 요구를 무시하자 청이 조선으로 쳐들어왔어.

✏️ 임진왜란: ☐ → ☐ → ☐ , 병자호란: ☐ → ☐ → ☐

옛사람들의 삶과 문화

개념 확인 체크! 체크!

- ☐ 고조선 사회의 특징과 대표적 문화 유산에 대해 이야기할 수 있어요. • 18~19쪽
- ☐ 고구려, 백제, 신라의 전성기를 비교할 수 있어요. • 20~22쪽
- ☐ 신라의 삼국 통일과 발해의 건국을 설명할 수 있어요. • 26~27쪽
- ☐ 삼국과 가야의 문화유산을 설명할 수 있어요. • 29~35쪽
- ☐ 고려의 건국과 고려가 외적의 침입을 극복하는 과정을 설명할 수 있어요. • 38~43쪽
- ☐ 고려의 문화유산을 설명할 수 있어요. • 44~47쪽
- ☐ 조선의 건국 과정과 조선 세종 때 이루어 낸 과학, 문화, 국방의 발전 내용을 이야기 할 수 있어요. • 50~53쪽
- ☐ 조선의 유교 질서와 임진왜란과 병자호란 의 전개 과정을 설명할 수 있어요. • 54~57쪽

나라의 등장과 발전

• 고조선 •

❶ [   ] 문화를 바탕으로 단군왕검이 세운, 우리 역사 속 최초의 국가

• 고구려, 백제, 신라의 성립과 발전 •

고구려	• 건국: 주몽이 졸본에 세움.
	• 전성기: 5세기 광개토 대왕, 장수왕
백제	• 건국: 온조가 한강 지역에 세움.
	• 전성기: 4세기 ❷ [ ]
신라	• 건국: 박혁거세가 경주에 세움.
	• 전성기: 6세기 진흥왕

• 신라의 삼국 통일과 발해의 건국 •

| 신라의 삼국 통일 | 신라와 당의 동맹 → 백제 멸망 → 고구려 멸망 → 신라군의 당군 격파 |
| 발해의 건국 | ❸ [   ]이 고구려 유민과 말갈족을 이끌고 동모산 지역에 발해를 세웠음. |

• 삼국과 가야의 문화유산 •

고구려	무용총 접객도, 금동 연가 7년명 여래 입상 등
❹ [ ]	무령왕릉, 백제 금동 대향로, 익산 미륵사지 등
신라	• 금관총 금관, 황룡사 9층 목탑, 경주 첨성대 등 • 불국사와 석굴암
가야	철제 갑옷과 투구, 가야금 등

독창적 문화를 발전시킨 고려

• 고려의 건국과 후삼국 통일 과정 •

신라 말의 정치 혼란 → 후삼국 성립(견훤의 후백제, 궁예의 후고구려 건국) → 왕건의 ⑤ [   ] 건국 → 신라가 고려에 항복 → 후백제 멸망

• 거란의 침입과 극복 과정 •

1차 침입	⑥ [ ]의 담판으로 강동 6주를 차지함.
2차 침입	한때 개경을 빼앗기기도 함.
3차 침입	강감찬의 귀주 대첩

• 몽골의 침입과 고려의 대응 •

몽골의 1차 침입 → 강화 천도, 고려의 끈질긴 저항(귀주성·처인성·충주성에서의 승리) → 개경 환도 → 삼별초의 항쟁

• 고려의 대표적 문화유산 •

고려청자	상감 기법으로 독창적 상감 청자를 만들어 냈음.
⑦ [ ] (재조대장경)	부처의 힘으로 몽골의 침입을 이겨 내고자 대장경을 다시 만듦.
금속 활자	『직지심체요절』은 오늘날 전해지는 가장 오래된 금속 활자 인쇄본임.

▲ 합천 해인사 대장경판

민족 문화를 지켜 나간 조선

• 조선의 건국 과정 •

고려 말의 사회 혼란 → ⑧ [   ]와 신흥 무인 세력의 연합 → 위화도 회군 → 고려 개혁파와 조선 개국파의 갈등 → 토지 제도 개혁(과전법) → 이성계(태조)의 조선 건국 → 한양 천도

• 세종 대의 발전 •

과학	집현전 운영 → 다양한 과학 기구 제작(측우기, 혼천의, 자격루, 앙부일구 등), 『농사직설』, 『칠정산』 편찬
문화	⑨ [ ] 창제
국방	4군 6진 개척, 쓰시마섬 정벌

• 조선의 유교적 사회 질서 •

· 『**경국대전**』: 유교 정치 이념이 담긴 법전
· **신분제**: 양반, 중인, 상민, 천민으로 구분되어 신분에 맞게 생활하였음.

• 임진왜란과 병자호란 •

⑩ [ ]	도요토미 히데요시가 일본 통일 후 조선을 침략함. → 이순신이 이끄는 수군, 의병의 활약으로 물리침.
병자호란	청이 '임금과 신하의 관계'를 맺자고 하며 조선을 침략함. → 인조가 삼전도에서 청 태종에게 항복했음.

1 다음과 같은 법 조항이 전해지는 나라를 쓰시오.

> • 사람을 죽인 사람은 사형에 처한다.
>
> • 남에게 상해를 입힌 사람은 곡식으로 갚는다.
>
> • 남의 물건을 훔친 사람은 데려다 노비로 삼으며, 죄를 면하려면 50만 전을 내야 한다.

(   )

2 다음 지도를 보고, 삼국의 전성기에 나타나는 공통점을 한 가지 쓰시오.

▲ 백제의 전성기(4세기)　　　▲ 고구려의 전성기(5세기)　　　▲ 신라의 전성기(6세기)

3 다음 두 문화유산이 서로 비슷한 것을 통해 알 수 있는 고구려와 발해의 관계를 쓰시오.

▲ 고구려 기와의 연꽃무늬　　　▲ 발해 기와의 연꽃무늬

4 다음 글의 밑줄 친 '이 종교'를 쓰시오.

고구려, 백제, 신라는 백성들의 마음을 하나로 모으고 왕의 힘을 더 강하게 만들고자 <u>이 종교</u>를 받아들였습니다. 또한, 이 종교를 백성에게 장려하기 위해 많은 문화유산을 만들었는데, 고구려의 금동 연가 7년명 여래 입상, 백제의 익산 미륵사지 석탑, 신라의 황룡사 9층 목탑 등이 <u>이 종교</u>와 관련된 문화유산입니다.

(   )

5 다음은 후삼국 통일 과정에서 일어난 사건들입니다. 시간 순서대로 기호를 쓰시오.

㉠ 신라가 스스로 고려에 항복했다.
㉡ 왕건이 궁예를 몰아내고 고려를 세웠다.
㉢ 고려가 후백제를 물리치고 후삼국을 통일했다.
㉣ 여러 호족 중 견훤이 후백제를, 궁예가 후고구려를 세웠다.

(   ) → (   ) → (   ) → (   )

6 다음은 거란의 1차 침입 때 이루어진 외교 담판이다. 이 서희의 담판의 결과를 한 가지 쓰시오.

우리와 국경을 접하고 있는데도 왜 바다를 건너 송과 교류하는가?

만약 여진을 쫓아내고 우리의 옛 영토를 돌려줘 성을 쌓고 도로를 통하게 해준다면, 어찌 교류를 잘 하지 않겠는가?

서희와 소손녕의 대화

7 몽골이 침략했을 때, 고려 정부가 다음 지도의 ㉠ 섬으로 도읍을 옮긴 까닭을 한 가지 쓰시오.

_____

_____

_____

_____

8 고려 사람들이 다음 문화유산을 만든 까닭을 쓰시오.

▲ 합천 해인사 대장경판

9 다음은 한양에 지은 건축물에 붙인 이름의 뜻입니다. ㉠, ㉡에 들어갈 알맞은 건축물의 이름을 쓰시오.

건축물의 이름	이름에 담긴 의미
㉠	임금이 덕으로써 나라를 다스려 만 년 동안 큰 복을 누려라.
흥인지문	인자함을 일으켜야 한다.
돈의문	의리를 지키고자 노력해야 한다.
㉡	예의를 존중하라.
숙정문	정숙하고 조용하라.

10 다음 글을 읽고, 세종이 훈민정음을 만든 까닭을 쓰시오.

> 우리나라 말소리가 중국과 달라서 한자와는 서로 통하지 않으므로 백성들은 말하고자 하는 바가 있어
> 도 뜻이 통하지 않았다. 그래서 내가 이를 가엾게 여겨 새로 스물여덟 자를 만들었으니, 백성들로 하여
> 금 쉽게 익혀 나날이 쓰기 편하기를 바란다.
>
> ― 『훈민정음』 「해례본」, 예의편

---

11 다음은 신분에 따른 조선 시대 사람들의 생활 모습이다. ㉠, ㉡에 들어갈 알맞은 신분을 쓰시오.

---

12 다음에 나타난 조선 수군의 승리가 전쟁에 미친 영향을 한 가지 쓰시오.

임진왜란 1년 전에 전라좌도 수군 절도사가 된 이순신은 판옥선과 거북선을 만들고 식량과 무기를 준비하는 등 일본군의 침입에 대비했습니다.

임진왜란이 일어나자 조선 수군은 여수에서 출발해 거제 옥포만에서 일본 수군과 싸워 첫 승리를 거둔 후 이어지는 전투에서 모두 승리했습니다.

▲ 임진왜란 해전도

철기 시대에 나타난 여러 국가들

고조선은 중국 한나라의 침입으로 멸망했고, 고조선의 유민들은 만주와 한반도 지역으로 흩어졌어요. 이후 만주와 한반도에서 철기 문화를 바탕으로 여러 국가들이 세워졌지요.

만주와 한반도 북부에는 부여, 고구려가 세워졌고, 한반도 남부에는 마한, 진한, 변한 등 삼한이 세워졌어요. 또, 한반도 동북부 해안 지역에는 옥저와 동예가 세워졌지요.

철기 시대에는 철제 무기가 사용되면서 나라 간의 정복 전쟁이 활발해졌어요. 철기 시대에 세워진 여러 나라 중 부여, 옥저, 동예는 고구려에게 정복되었어요. 마한은 백제, 진한은 신라, 변한은 가야로 이어집니다.

또, 철기 시대에는 철제 농기구가 사용되면서 농업이 크게 발달했지요. 철기 시대에 세워진 나라들에서는 공통적으로 하늘에 제사를 지내는 '제천 행사'를 실시했다는 기록이 남아 있어요. 논밭에 씨를 뿌린 뒤 농사가 잘되게 해달라고 빌거나, 가을걷이를 한 뒤 하늘에 감사하는 마음으로 제천 행사를 했습니다. 대표적인 사례가 부여의 '영고', 고구려의 '동맹', 동예의 '무천', 삼한의 '5월제, 10월제' 등이지요.

▲ 철기 시대 여러 나라의 성장

중학교에서 배워!

연맹 왕국과 중앙 집권 국가

연맹 왕국은 여러 부족들이 연합하여 만들어진 국가 형태를 말해. 각 부족의 대표자들 중에서 왕을 뽑아서, 부족 연합의 우두머리로 삼았지. 부여, 고구려, 옥저, 동예, 마한, 진한, 변한은 연맹 왕국이었어.

나중에 왕의 힘이 더욱 강해지면서, 왕 중심의 중앙 집권 국가가 등장하게 되는데, 고구려, 백제, 신라는 연맹 왕국에서 중앙 집권 국가로 발전했어. 삼국 시대에 있었던 나라 중 가야는 연맹 왕국 단계에 머물렀지.

2

사회의 새로운 변화와 오늘날의 우리

이 단원을
들어가기 전에

조선 후기, 일제 강점기, 광복 이후의
모습을 나타낸 그림입니다.
숨은 그림을 찾아보세요.

☑ 자　　　☑ 연필
☑ 컵　　　☑ 지우개
☑ 집　　　☑ 삼각자

정답과 해설은
7쪽에 있어!

조선 후기 개혁을 추진한 왕, 영조와 정조!

임진왜란 즈음부터 조선의 지배층은 *붕당을 이루어 정치를 이끌어 나갔어요. 처음에는 붕당 간의 다양한 의견이 나라를 운영하는 데 도움을 주었으나, 점차 붕당 간에 의견 대립이 자주 일어나면서 정치가 혼란스러워졌어요.

왕실과 사대부의 예법은 기본적으로 다르지 않습니다!

아닙니다. 왕에게는 사대부와 다른 예법이 적용되어야 합니다.

서인

남인

▲ 붕당 간의 의견 대립

*붕당: 학문이나 정치적으로 생각을 같이하는 사람들의 정치 집단.

영조의 개혁 정책

붕당 간에 갈등이 심해지면서 정치가 혼란스러워지자 ☆ 영조는 탕평책을 펼쳐 왕권을 강화하고 정치를 안정시키려 했어요. 영조는 탕평책으로 어느 정도 정치를 안정시켰으나, 당파 간의 갈등을 근본적으로 해결하지는 못했어요.

한편 영조는 세금을 줄이고 백성의 생활을 안정시켰어요. 많은 책을 편찬해 학문과 제도를 정비하기도 했지요.

붕당과 상관없이 나랏일을 할 인재를 골고루 뽑아 정치를 하겠다는 탕평책의 내용을 알 수 있구나.

두루 사귀면서 편을 가르지 않는 것이 군자의 공정한 마음이요, 편을 가르고 두루 사귀지 않는 것은 소인의 사사로운 마음이다.

◀ 영조가 세운 탕평비

정조의 개혁 정책

☆ 정조는 영조의 탕평책을 이어받아 인재를 고루 뽑아서 정치를 안정시키려 했어요. 그리고 규장각을 설치하고 이곳에서 젊은 학자들이 나랏일과 관련된 여러 학문을 연구하게 했지요.

정조는 백성이 좀 더 자유롭게 경제 활동을 할 수 있도록 제도를 고치는 등 사회 발전을 위해서도 노력했어요. 또한 새로운 과학 기술을 이용해 ☆ 수원 화성을 건설하고 그곳을 상업의 중심지로 발전시키고, 개혁 정치의 중심지로 삼으려 했어요.

여기서 잠깐! **규장각**

규장각은 학자들이 학문을 연구하고 나라의 정치를 의논하던 왕실의 도서관이었어요. 이곳에서 정조는 여러 학자와 나라의 문제에 대한 의견을 나누었지요.

수원 화성의 우수성

정조가 왕권을 강화하기 위해 지은 수원 화성은 조선의 새로운 과학 기술과 지식을 활용해 건설되었는데, 이때 당시로서는 최신 과학 기구였던 거중기와 녹로 등이 사용되었지요. 수원 화성은 정조 시기의 우수한 과학 기술뿐만 아니라 건축물의 예술적 가치 또한 인정받아 유네스코 세계 문화유산으로 등재되었어요.

▶ **녹로** 도르래를 이용해 물건을 높은 곳으로 옮기는 장치.

▼ **수원 장안문**(화성 북문, 경기도 수원시)

▶ **거중기** 도르래를 이용해 적은 힘으로 무거운 물체를 들어 올리는 장치.

조선 후기 사회 문제 해결 노력, 실학!

실학의 등장 배경

임진왜란과 병자호란을 겪은 이후 백성의 생활은 더욱 어려워졌어요. 이런 상황에서 ☆ 기존의 학문이 사회 문제를 해결할 방법을 제시하지 못하자 실학이라는 새로운 학문이 등장했어요.

현실의 문제를 해결하기 위해 실학자들은 백성의 생활을 안정시키고 나라의 힘을 기를 수 있는 방법을 연구했어요. 이들은 농업 중심의 개혁 방법, 상공업 중심의 개혁 방법을 제시했고, 우리나라 고유의 것을 연구하기도 했어요.

실학자들의 다양한 주장

농업에 관심을 두었던 실학자

새로운 농사 기술을 보급하고 토지 제도를 바꿔 농민들의 생활을 안정시켜야 합니다.

우리의 것을 중요하게 생각한 실학자

우리의 역사, 지리, 언어, 자연 등을 연구해야 합니다.

상업과 공업에 관심을 두었던 실학자

청의 문물을 적극적으로 받아들이고, 상업과 공업을 발달시켜야 합니다.

실학자들은 백성들의 삶을 풍요롭게, 나라의 힘을 강하게 하는 방법을 연구했어. 실생활에 도움이 되는 학문이라서 이름도 실학(實學)이지.

실학자들의 다양한 활동을 알아보자.

김정호가 만든 『대동여지도』

☆ 『대동여지도』는 조선 후기에 만들어진 우리나라 전도로 실학자 김정호가 만들었어요. 이 지도에는 우리나라의 산, 강, 길 등이 자세히 표시되었고 다양한 정보를 알기 쉽게 기호로 표현했어요. 그래서 『대동여지도』는 조선 시대의 여러 지도들 중에 가장 정확하고 상세하다고 평가받고 있답니다.

스물두 권의 지도책을 펼쳐 이어 붙이면 우리나라 전체 지도가 돼요.

▲ 『대동여지도』(국립 중앙 박물관)

▲ 『대동여지도』 전도(서울대학교 규장각 한국학 연구원)

정약용의 『목민심서』

☆ 정약용은 조선 후기의 대표적인 실학자예요. 오랜 유배 생활 중에도 연구를 계속해 책을 많이 남겼고, 기술, 경제, 정치, 농업 등 다양한 분야에서 실제 생활에 도움이 되는 지식과 방법을 찾고자 노력했지요.

정약용이 남긴 책 중 『목민심서』는 지방의 관리가 지켜야 할 내용을 담은 책이에요.

*수령이 백성을 위해 있는 것이지, 백성이 수령을 위해 있는 것은 아니다.
오늘날 백성을 다스리는 사람들은 오직 거둬들이는 데에만 급급하고, 백성을 기를 바는 알지 못한다. 이 때문에 백성은 여위고 시달리며 병까지 들어 ……

- 『목민심서』

*수령: 각 고을을 맡아 다스리던 지방 관리.

조선 후기 서민 문화!
한글 소설, 풍속화, 탈놀이, 판소리

서민 문화의 등장 배경

조선 후기에는 농업 생산력이 높아지고 상공업이 발달하면서 여러 가지 변화가 나타났어요. ☆ 경제적인 여유가 생긴 사람들이 문화와 예술 활동에도 관심을 기울이기 시작하여, 양반뿐만 아니라 일반 백성도 참여할 수 있는 문화가 발달했는데 이를 '서민 문화'라고 불러요. 다양한 서민 문화를 살펴보면 당시 사람들의 생활 모습이나 생각을 알 수 있어요.

서민 문화의 종류

한글 소설

☆ 한글을 익힌 사람들이 늘어나고 책을 읽어 주는 사람들이 생겨나면서, 한글 소설이 널리 보급되었어요. 대표적인 한글 소설로는 『홍길동전』, 『춘향전』, 『심청전』, 『흥부전』, 『장화홍련전』 등이 있어요.

> 자세히 보니 '길동'이라는 글씨가 보이네!

▲ 한글 소설 『홍길동전』

🌟 여기서 잠깐! **책을 읽어 주는 직업 '전기수'**

조선 후기에 일반 백성들 사이에서 한글 소설이 유행했지만, 책을 살 수 없거나 한글을 모르는 사람들도 있었어요. 이에 돈을 받고 책을 읽어 주는 '전기수'라는 직업이 생겼어요. 전기수는 인물과 장면, 분위기에 어울리게 가락을 넣고 목소리를 다양하게 구사하며 소설책을 읽어서 사람들에게 인기가 많았지요.

☆ 풍속화는 당시 사람들의 생활 모습을 담고 있는 그림이에요. 조선 후기 대표적 풍속화가인 김홍도와 신윤복은 다양한 사람들의 생활 모습을 실감나게 표현했어요.

▲ 신윤복의 「단오풍정」

▲ 김홍도의 「서당도」

▲ 하회 별신굿 탈놀이

☆ 탈놀이는 탈을 쓰고 하는 연극이나 춤을 말해요. 주로 명절에 사람들이 많이 모이는 곳에서 공연되었어요. 탈놀이는 백성의 생각이나 감정을 솔직하게 표현해서 인기가 많았어요.

소리꾼 고수 양반 관객

▲ 「평양도」의 판소리 공연 장면 일부분

☆ 판소리는 소리꾼과 고수(북치는 사람)가 긴 이야기를 노래로 들려주는 공연이에요. 판소리는 관객도 함께 참여할 수 있기 때문에 백성에게 큰 호응을 얻었지요. 시간이 지나면서 판소리는 양반들도 즐기는 문화로 발전했답니다.

재미있는 개념 퀴즈!

1 영조가 펼치는 정책을 널리 알리기 위해 비석을 세우기로 했어요. 영조가 알리고자 하는 바를 바르게 새기고 있는 석공은 누구인지 번호를 쓰세요.

2 다음은 수원 화성을 건설하는 모습이에요. 수원 화성을 건설하는 사람들 중 바르지 <u>않은</u> 이야기를 하는 사람은 누구인지 쓰세요.

3 다음 낱말 카드에서 알맞은 낱말을 골라 농업에 관심을 두었던 실학자의 주장을 완성하려고 해요. 빈칸에 알맞은 낱말을 쓰세요.

농사　　공업　　청　　지리　　토지

새로운 ✏️ [　　　　　　] 기술을 보급하고

✏️ [　　　　　　] 제도를 바꿔 농민들의

생활을 안정시켜야 합니다.

4 현우 아버지는 조선 후기의 서민 문화와 관련된 문화재를 모으시는 취미를 가지고 있어요. 다음 중 현우 아버지가 모으시지 <u>않는</u> 문화재에 ×표 하세요.

조선 말기, 흥선 대원군의 정책

조선 말기 세도 정치

*외척: 어머니 쪽의 친척.

정조 이후에 왕들이 어린 나이로 왕위에 오르자 왕의 *외척이 나라의 권력을 잡는 세도 정치가 나타났어요. 권력을 잡은 외척들은 높은 벼슬을 차지하고, 뇌물을 준 사람에게 벼슬자리를 주는 등 나쁜 짓을 저지르기도 했어요. 뇌물을 주고 관리가 된 사람들 중에는 세금을 마음대로 거두는 사람들이 많았고, 그래서 백성의 생활은 어려워졌어요.

▲ 백성의 어려운 생활

흥선 대원군의 정책

*대원군: 조선 시대에 왕에게 자손이나 형제가 없어 왕족 가문 중 한 사람이 왕위를 이어받았을 때, 새 왕의 아버지를 이르는 말.
*서원: 학문이 깊고 지혜가 뛰어난 조상들의 제사를 지내고 지방의 인재를 기르는 교육 기관의 역할을 한 곳.

세도 정치와 농민들의 불만으로 사회가 혼란스러울 무렵, 고종이 어린 나이에 왕이 되자 아버지 흥선 *대원군이 나라를 다스리게 되었어요. ☆ 흥선 대원군은 세도 정치의 잘못된 점을 고치고 국왕 중심으로 정치를 운영하기 위한 정책을 펼쳤어요. 흥선 대원군은 백성을 괴롭히던 서원을 정리했고, 왕실의 위엄을 세우기 위해 경복궁을 고쳐 지었어요.

서원 정리	경복궁 중건

세금을 면제받고 부당하게 재산을 쌓던 수백 개의 *서원을 47개만 남기고 모두 정리했어요.

임진왜란 때 불에 탔던 경복궁을 다시 지으려고 강제로 기부금을 걷고, 공사에 백성을 동원해 백성의 불만이 높아졌어요.

조선 말기, 외세의 침략과 개항

*통상: 나라들 사이에 물건 등을 사고파는 것. 또는 그런 관계.

조선 말기에 여러 나라가 조선과 *통상을 하고자 했는데, 조선은 이를 거부했어요. 그러자 여러 나라가 군대를 앞세워 침략했어요.

1 병인양요

☆ 1866년 프랑스가 조선에 통상을 요구하며 강화도를 침략했는데 이를 병인양요라고 해요. 조선은 강화도로 군대를 보내 프랑스군을 물리쳤고, 프랑스군은 물러가면서 『의궤』 등 강화도의 외규장각에 보관되어 있던 귀중한 책과 무기, 곡식 등을 약탈해 갔어요.

2 신미양요

☆ 1871년 미국이 조선에 통상을 요구하며 강화도를 침략했는데 이를 신미양요라고 해요. 조선군은 미군에 저항했고, 미군은 20여 일 후에 스스로 물러갔어요. 이때 광성보에서 벌어진 싸움에서 어재연 장군을 비롯한 많은 사람이 희생되었어요.

3 척화비 건립

*통상 수교 거부 정책: 다른 나라와 무역 등의 교류를 하지 않는 정책.

신미양요와 병인양요를 겪은 후, 흥선 대원군은 한양과 전국 각지에 척화비를 세웠어요.

척화비를 통해 서양과 교류하지 않겠다는 의지를 널리 알리고 ☆ 통상 수교 거부 정책을 강화했답니다.

> ★ 여기서 잠깐!
>
> 척화비에는 "외세가 침범했는데 싸우지 않는 것은 곧 나라를 팔아먹는 것이다"라는 글이 새겨져 있어요.

▲ 척화비

4 강화도 조약 체결

*개항: 항구를 개방해 외국 배의 출입을 허가하는 것.
*조약: 나라와 나라 사이의 약속.

1875년 강화도 초지진에 일본 군함이 접근하자 조선군은 경고의 의미로 대포를 쏘았어요. 이 사건을 구실로 일본은 군함을 보내 조선을 위협하면서 통상을 요구했어요.

한편, 조선에서 흥선 대원군이 물러나고 조선의 *개항을 바라는 나라 안의 요구가 높아진 상황에서 조선은 결국 1876년에 일본과 강화도 *조약을 맺고 개항했어요. ☆ 강화도 조약은 외국과 맺은 최초의 근대적 조약이지만 불평등한 조약이었지요. 이후 조선은 서양의 다른 나라들과도 조약을 맺고 교류하기 시작했어요.

개항기 개혁 의지, 갑신정변

개화를 둘러싼 다양한 생각

개항 이후 사람들은 조선의 개혁에 대해 다양한 생각을 하게 되었어요. 김홍집을 비롯한 온건 개화파들은 조선의 법과 제도를 바탕으로 차근차근 개화를 해야 한다고 생각했고, ☆ 김옥균을 비롯한 급진 개화파들은 서양의 기술, 사상, 제도를 받아들여 나라 전체를 개혁해야 한다고 생각했어요. 또, 급진 개화파들은 조선의 개화를 방해하는 청의 간섭을 물리쳐야 한다고 주장했죠.

청과의 관계를 유지하면서, 서양의 기술을 받아들여 개화해야 합니다.

김홍집(온건 개화파)

청의 간섭을 물리치고 서양의 사상과 제도까지 받아들여 개화해야 합니다.

김옥균(급진 개화파)

갑신정변의 전개 과정

1 김옥균을 비롯한 급진 개화파들은 새로운 조선을 만들고자 뜻을 같이하는 사람들을 모았어요.

2 급진 개화파는 일본에 도움을 요청했고, 조선에서 영향력을 확대하려고 했던 일본은 군사 지원을 약속했어요.

▲ 갑신정변의 주역들 왼쪽부터 박영효, 서광범, 서재필, 김옥균이다.

🌸 여기서 잠깐! **갑신정변에 참여한 사람들**

갑신정변은 김옥균, 박영효, 서광범, 서재필, 홍영식 등 양반 계층이 주도했지만, 이를 실행에 옮긴 것은 다양한 계층의 사람들이었어요.
군인과 사관생도, 상인, 양반의 집에서 심부름을 하던 사람, 환관, 궁녀 등도 갑신정변에 참여하여 새로운 나라를 만들고자 했어요.

3 급진 개화파는 우정총국 개국 축하 잔치를 틈타 정변을 일으켰어요. 이어 새 정부를 조직하고 주요 개혁 정책을 발표했어요.

우정총국 복원 전 모습

우정총국을 복원한 모습

▲ **갑신정변이 일어난 우정총국** 우정총국은 우리나라 최초로 우편 업무를 담당하던 관청으로, 오늘날의 우체국이에요.

4 급진 개화파가 정권을 잡자 청군이 개입하여, 갑신정변은 3일 만에 끝나 버렸어요.

갑신정변의 의의

☆ 갑신정변은 일본의 힘에 의지하고 준비가 부족한 상태에서 개혁을 시도한 점이 많은 사람들의 지지를 받지 못하여 실패로 끝났습니다. 하지만 갑신정변은 새로운 국가를 만들려는 개혁 시도였습니다. 갑신정변 당시 제시된 개혁안을 보면 조선 사회를 크게 변화시키기 위한 내용이 담겨 있어요.

갑신정변의 개혁안(일부)

· 청에 대한 조공 허례를 폐지한다.
· 문벌을 폐지하고, 백성들이 평등한 권리를 갖는 제도를 마련하며, 능력에 따라 관리를 임명한다.
· 세금 제도를 고쳐 관리의 부정을 막고 국가의 살림살이를 튼튼히 한다.
· 부정한 관리를 처벌하고, 백성들이 빚진 쌀을 면제한다.

조선은 신분제 사회였는데, 갑신정변을 보면 백성들에게 평등한 권리를 인정한다는 내용도 있네.

개항기 개혁 의지, 동학 농민 운동

갑신정변 이후에도 일부 양반과 지방 관리의 횡포는 여전히 심했어요. 결국 지방 관리의 횡포가 심했던 전라북도 고부(정읍 지역의 옛 이름)에서 이들의 횡포를 막기 위해 농민들이 군사를 일으켰는데, 이것이 *동학 농민 운동이지요.

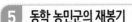
동학 농민 운동의 전개 과정

*동학: 최제우가 민간 신앙과 유교, 불교, 천주교의 장점을 모아 만든 종교. 서학(서양의 학문)에 반대하여 동학으로 이름 지어짐.

1 동학 농민군의 봉기

동학 농민 운동의 지도자 전봉준은 고부 군수의 횡포를 막기 위해 뜻을 같이하는 사람들을 모아 군사를 일으켰어요. 이들은 전라도 일대로 세력을 넓혔어요.

2 청과 일본의 군대 파견

조선은 동학 농민군을 진압하기 위해 청에 도움을 요청했어요. 청이 조선에 군대를 보내자 일본도 군대를 보냈어요.

5 동학 농민군의 재봉기

전쟁에서 승기를 잡은 일본이 조선의 정치에 더욱 심하게 간섭하자 동학 농민군이 다시 일어났지요.

고부 군수가 부린 횡포

전라도의 고부에서는 군수 조병갑의 횡포가 매우 심했어요. 조병갑은 그의 아버지를 기리는 비석을 세우겠다며 백성에게 돈을 거뒀고, 필요 없는 저수지를 만들고 저수지의 물을 사용하게 한 후 세금을 거두었어요. 또, 죄없는 사람을 감옥에 가두고 돈을 뺏기도 했지요.

그의 횡포를 막기 위해 동학 농민 운동이 일어났답니다.

저 사람의 죄는 무엇이냐?

군수님의 아버지를 칭찬하는 내용의 비석을 세우려고 돈을 걷었는데 그 돈을 내지 않았습니다.

저는 이웃과 친하게 지내지 않아 돈을 내야 풀려난다고 합니다.

동학 농민 운동은 처음에는 지방 관리의 횡포를 막기 위해 일어났지만, 일본이 조선의 정치에 간섭하자 일본에 저항하는 민족 운동으로 발전하여 다시 일어났어요. 이러한 동학 농민 운동의 정신은 농민군이 제시한 개혁안에 잘 나타나 있습니다.

전봉준과 동학 농민군의 개혁안(일부)

· 탐관오리, 못된 양반은 그 죄를 조사해 벌한다.
· 노비 문서를 소각한다.
· 정해진 세금 외에 잡다한 세금을 폐지한다.
· 일본에 협력하는 사람을 엄히 벌한다.

개혁안에는 농민들이 꿈꾸던 세상이 담겨 있네. 농민들은 못된 관리가 없는 세상, 일본 등 외국에 의지하지 않는 세상을 원했구나.

3 동학 농민군의 자진 해산

동학 농민군은 외국 군대의 개입을 막으려고 조선 정부와 협상해 개혁안을 약속받고 스스로 흩어졌어요.

4 청일 전쟁

동학 농민군이 물러난 후에 일본과 청은 조선에서 영향력을 넓히려고 청일 전쟁을 벌였어요.

6 우금치 전투의 패배

변변한 무기가 없었던 동학 농민군은 기관총으로 무장한 일본군과 관군의 상대가 되지 않아 공주 우금치에서 벌어진 전투에서 크게 패했어요.

▲ 장태(동학 농민 혁명 기념관)
동학 농민군은 대나무를 깎아 만든 죽창, 낫·호미 같은 농기구, 닭장인 장태 등을 무기로 사용했어요.

7 동학 농민군의 해산

동학 농민군은 후퇴를 거듭하다 해산했고, 전봉준은 부하의 밀고로 관군에게 잡혀 처형을 당했어요.

▲ 잡혀가는 전봉준

재미있는 개념 퀴즈!

1 다음은 조선 후기 외세의 침략을 받은 조선의 백성들이 대화하는 모습입니다. 대화의 주제가 된 사건은 무엇인지 빈칸에 쓰세요.

2 태윤이가 역사 카드를 이용해서 갑신정변이 전개된 과정을 공부하고 있는데, 실수로 카드를 떨어뜨려서 뒤죽박죽이 되었어요. 시간 순서대로 카드 번호를 빈칸에 쓰세요.

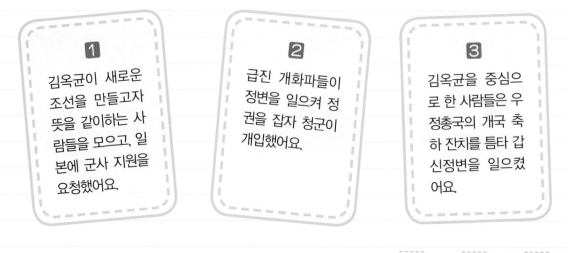

3 동학 농민군이 숲에서 길을 잃고 헤매고 있어요. 동학 농민 운동에 대한 ○, × 퀴즈를 바르게 풀어야 숲에서 나가는 길을 찾을 수 있어요. 미로를 빠져나가는 길을 선으로 연결하세요.

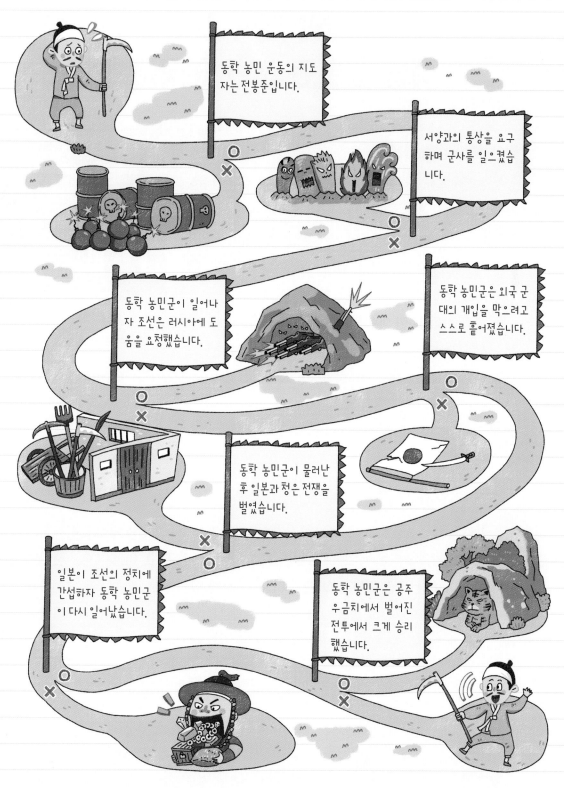

동학 농민 운동의 지도자는 전봉준입니다.

서양과의 통상을 요구하며 군사를 일으켰습니다.

동학 농민군이 일어나자 조선은 러시아에 도움을 요청했습니다.

동학 농민군은 외국 군대의 개입을 막으려고 스스로 흩어졌습니다.

동학 농민군이 물러난 후 일본과 청은 전쟁을 벌였습니다.

일본이 조선의 정치에 간섭하자 동학 농민군이 다시 일어났습니다.

동학 농민군은 공주 우금치에서 벌어진 전투에서 크게 승리했습니다.

대한 제국 시기, 독립 협회와 대한 제국의 활동

을미사변과 아관 파천

*일제: '일본 제국주의' 또는 '일본 제국'을 줄인 말. 자기 나라의 이익을 위해 여러 나라를 침략한 일본을 일컫는 말.
*시해: 왕이나 왕비 등 윗사람을 죽이는 것.

청일 전쟁에서 승리한 *일제가 조선의 정치에 깊이 간섭하자 고종과 명성 황후는 러시아 세력을 끌어들여 일본의 간섭을 막으려고 했어요. 그러자 ☆ 일제는 경복궁에 침입해 명성 황후를 *시해하고 시신을 불태우는 만행을 저질렀는데, 이를 을미사변이라고 해요.

▲ 명성 황후가 시해되었던 경복궁 안의 건청궁 옥호루

☆ 고종은 을미사변 이후 일제의 영향력에서 벗어나기 위해 러시아 공사관으로 피해 머물렀는데 이를 아관 파천이라고 해요. 이로써 조선에서 일본의 입지는 축소되었고, 러시아의 영향력이 커졌어요.

독립 협회의 활동

을미사변과 아관 파천 이후 서양 여러 나라들의 간섭이 심해지자 조선 정부는 조선이 자주국임을 알리고 백성들을 단결시킬 필요를 느꼈어요. ☆ 서재필은 정부의 지원으로 『독립신문』을 창간해 나라 안팎의 소식을 백성들에게 알리고 자주독립을 강조했고, 이어 정부의 관료와 개화파 인사들이 참여하는 독립 협회가 설립되었어요. 독립 협회는 자주독립 의식을 고취하고자 청의 사신을 맞이하던 영은문이 있던 자리 부근에 독립문을 세웠어요. 또한 누구나 사회의 문제에 대한 자신의 생각을 표현할 수 있는 만민 공동회를 개최했지요.

자주독립과 근대화를 위한 노력

▲ 『독립신문』 창간

▲ 독립문 건립

▲ 만민 공동회 개최

대한 제국의 개혁

고종은 을미사변으로 러시아 공사관에 머문 지 1년 만에 경운궁(덕수궁)으로 돌아왔어요. 이후 ★ 고종은 환구단에서 황제로 즉위하고, 대한 제국을 선포했지요. 새로 수립된 대한 제국은 토지, 산업, 군대, 교육 등 사회 여러 분야를 근대화시키기 위한 개혁을 추진했어요.

대한 제국은 도로와 전기 시설을 설치하는 등 근대 시설을 마련하고, 공장과 회사 설립을 지원했어요. 또, 외국에 유학생을 보내 기술을 배우게 했고, 학교를 세워 인재를 양성했어요. 이러한 개혁들은 대한 제국이 근대화된 사회로 나아가는 데 도움이 되었어요. 하지만 대한 제국은 황제의 권리를 지나치게 강화했고, 국민의 권리를 제대로 보장하지 못했다는 한계도 가지고 있습니다.

대한 제국 시기에 근대화된 모습

▲ 이화 학당의 수업 모습
유교 경전이 아닌 영어, 수학 등을 배우는 근대 교육이 실시되었으며, 남학생이 아닌 여학생도 교육받을 수 있었어요.

▲ 근대화 사업 이후 서울 거리 모습
도로가 넓어졌어요. 또 전기 시설이 설치되고 철도가 놓여서 전차가 다니게 되었어요.

고종이 환구단에서 황제 즉위식을 한 의미

환구단은 황제가 하늘에 제사를 지내고자 둥글게 쌓은 단이에요. 고종은 환구단에서 황제 즉위식을 함으로써 대한 제국이 중국과의*사대 관계를 청산하고, 서양의 여러 나라들과 일제의 간섭에서 벗어난 자주독립국임을 상징적으로 보여 주려고 했어요. 또한 대한 제국의 황제가 되어 왕보다 강력한 힘을 가지고 나라를 통치하고자 했답니다.

*사대 관계: 약자가 강자를 섬기는 관계.

황궁우　　환구단

▶고종

87

대한 제국 시기, 을사늑약

을사늑약의 체결 과정

*늑약: 나라 사이에 강제로 맺은 조약.

대한 제국은 서양의 여러 나라들과 외교 활동을 하여 자주권을 지키기 위해 노력했지만, 러시아와의 전쟁에서 승리해서 강력해진 일제의 간섭을 점점 더 많이 받게 되었어요. 이러한 상황에서 ☆ 일제의 특사로 대한 제국에 온 이토 히로부미는 고종의 거부에도 외교권을 빼앗는 조약을 강제로 체결했는데, 이를 을사늑약이라고 해요.

▲ 을사늑약 장면을 그린 풍자화

🌟 여기서 잠깐! 을사늑약이 무효인 까닭

군대를 동원해 대한 제국의 관리들을 위협하여, 고종의 허락 없이 강제로 조약을 맺었고, 문서에 조약의 제목조차 없었어요. 이렇게 일제가 강요하고 문서를 위조했기 때문에 을사늑약은 무효예요.

을사늑약 체결에 대한 우리 민족의 저항

민영환의 자결 민영환을 비롯해 을사늑약 체결에 반대해 목숨을 끊은 사람들도 있었어요.

헤이그 특사 파견 고종이 을사조약이 무효임을 국제 사회에 알리고자 만국 평화 회의가 열리는 네덜란드 헤이그에 특사를 파견했지만 성과를 거두지 못했어요. 이 사건 이후 일제는 고종을 강제로 물러나게 하고 대한 제국의 군대도 해산했어요.

언론 활동 을사늑약의 부당함을 신문에 알렸어요.

의병장 신돌석

의병 운동 전국 각지에서 을사늑약의 폐기를 요구하는 의병 운동이 일어났어요.

대한 제국 시기, 항일 의병 운동

의병이란 백성들이 자발적으로 조직한 군대예요. 일제가 우리나라를 침략하자 일제로부터 나라를 지키려고 항일 의병이 일어났어요.

을미사변과 단발령에 맞서 일어난 의병

을미사변이 일어나고 *단발령이 내려지자 이에 반발해 지방 유생층을 중심으로 의병이 일어났어요. 단발령이 취소되고 고종이 해산 명령을 내리자 의병은 스스로 해산했지요.

을사늑약 체결 이후 일어난 의병

의병은 을사늑약의 폐기를 요구하며 격렬한 무장 투쟁을 전개했어요. 이 시기에는 농민들도 적극적으로 의병에 참여하면서 신돌석과 같은 평민 출신 의병장들이 등장했어요.

고종의 강제 퇴위와 군대 해산 이후 일어난 의병

해산된 대한 제국 군인들이 의병에 합류하면서 전국 각지에서 의병 운동이 한층 강하게 전개되었어요. 그러자 일제는 대대적으로 의병 운동을 탄압했고, 이에 많은 의병이 다치거나 죽었어요. 살아남은 의병들은 만주나 연해주로 이동해 항일 투쟁을 이어 갔어요.

▲ 항일 의병 운동의 전개

전국적으로 항일 의병이 일어나 나라를 지키려고 노력했구나.

*단발령: 을미사변 이후에 내려진 강제로 백성들의 머리를 깎게 한 명령. 우리나라는 예로부터 부모에게 물려받은 머리카락을 소중히 여기는 전통이 있었기 때문에 정부의 단발령에 많은 백성이 반대했음.

전국 의병들의 연합군, 13도 창의군

대한 제국의 해산된 군인들 중 일부가 의병에 참여하여 의병들의 힘이 이전보다 커지자 의병 지도자들은 일제를 몰아내려면 전국의 의병들이 힘을 합쳐야 한다고 생각했습니다. 그 결과 의병 연합군인 13도 창의군이 만들어져 서울 진공 작전을 펼쳤으나 실패했어요. 이 작전은 전국의 의병 부대가 처음으로 함께 일제에 대항한 사건이에요.

나라를 지키기 위한 안중근의 노력을 알아봐요.

안중근의 활동

계몽
운동

망명

이토
히로부미
저격

안중근은 일제의 간섭으로 우리나라가 어렵게 되자 계몽 운동으로 나라의 힘을 키우는 데 앞장섰어요.

그러나 안중근은 국내의 계몽 운동만으로는 나라를 지킬 수 없다고 생각하고 *망명을 했어요. 그는 연해주에 도착해 한인 마을을 다니며 계몽 운동을 했고, 의병을 조직해 국내 진입 작전을 펼쳤어요.

그러던 중 우리나라를 빼앗는 데 앞장선 이토 히로부미가 만주에 온다는 소식을 들은 안중근은 하얼빈역에서 그를 저격해서 사살했어요.

*망명: 혁명이나 정치적 까닭 등으로 안전에 위협을 느낀 사람이 이를 피해 다른 나라로 감.

▲ 안중근 의사의 의거 장면 기록화(독립 기념관)

안중근의 재판

이토 히로부미를 저격한 후 안중근은 일본 측에 넘겨졌고, 뤼순 감옥에 갇혀 재판을 받았어요. 재판 과정에서 안중근은 일제가 우리나라에 했던 만행과 이토 히로부미를 죽여서 지키고자 한 평화에 대한 생각을 세계 여러 나라에 알렸어요.

여러 사람들이 안중근을 구하려고 노력했으나 일제는 공정하지 못한 재판을 하고 안중근에게 사형을 선고했어요. 결국 안중근은 사형을 당해 뤼순 감옥의 죄수 묘역에 묻혔어요.

해방 이후 사람들은 그의 유해를 고국에 모시려고 했으나 그가 묻힌 곳의 흔적이 사라지면서 그러지 못했어요.

나는 죄가 없소. 나는 동양의 평화를 해치는 원흉인 이토 히로부미를 처단했을 뿐이오.

◀ 안중근

나라를 잃고, 국외 독립 활동

대한 제국이 국권을 강제로 빼앗긴 후 우리 민족은 일제의 감시와 억압, 수탈로 많은 어려움을 겪었지만 이에 굴하지 않고 독립운동을 펼쳤어요.

일제의 식민 통치

조선 총독부 설치	헌병 경찰 통치	토지 조사 사업 실시
일제는 한국인들을 지배하고자 조선 총독부라는 통치 기구를 만들었음.	군대 안 경찰인 헌병들에게 경찰의 임무를 주어 한국인들을 감시하게 하고 독립운동을 탄압했음.	조선 총독부는 토지 조사 사업을 벌여 우리나라의 토지를 빼앗고, 세금을 더 많이 거두었음.

일제의 탄압과 수탈이 계속되자 살만한 곳을 찾아 만주와 연해주 등 국외로 떠나는 사람들이 계속 늘어났어요. 또한 국내 활동이 어려워진 독립운동가들 역시 다른 나라로 건너가 활동을 이어 나갔어요.

국외로 떠난 우리 민족이 벌인 독립운동

안창호의 독립운동

안창호는 민족의 실력을 양성하려고 노력한 독립운동가예요. 그는 평양에 대성 학교를 세워 나라의 인재를 키워 냈으나 나라가 망할 것을 예상하고 중국을 거쳐 미국으로 건너갔어요.

☆ 안창호는 미국 샌프란시스코에서 흥사단을 세워 한국인들의 실력 양성을 위한 운동에 앞장섰어요.

이회영의 독립운동

☆ 이회영은 만주에 신흥 강습소를 설립해 많은 독립운동가와 항일 독립군을 키워 냈어요. 신흥 강습소는 신흥 무관 학교로 바뀌었는데, 이곳에서는 독립에 이바지할 군인을 길러 내려는 목적으로 군사 교육을 했으며, 우리 역사와 국어, 지리도 가르쳤어요.

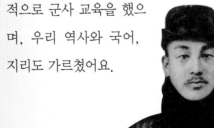

재미있는 개념 퀴즈!

1 자주독립과 근대화를 위한 노력에 대한 바른 설명을 골라 사다리를 타고 내려가면 글자가 나와요. 글자를 순서대로 나열하면 대한 제국을 선포한 왕이 누구인지 알 수 있습니다. 왕의 이름을 쓰세요.

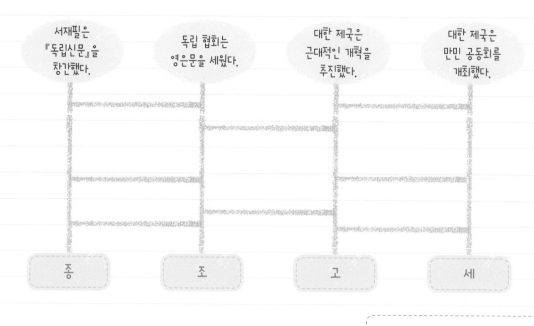

- 서재필은 『독립신문』을 창간했다.
- 독립 협회는 영은문을 세웠다.
- 대한 제국은 근대적인 개혁을 추진했다.
- 대한 제국은 만민 공동회를 개최했다.

| 종 | 조 | 고 | 세 |

✏️ _____

2 다음은 어떤 역사적 사건에 대한 우리 민족의 저항인지 쓰세요.

▲ 헤이그 특사 파견　　　　▲ 민영환 자결　　　　▲ 의병 발생

✏️ _____ 의 체결

3 가로세로 퀴즈를 풀어 보세요.

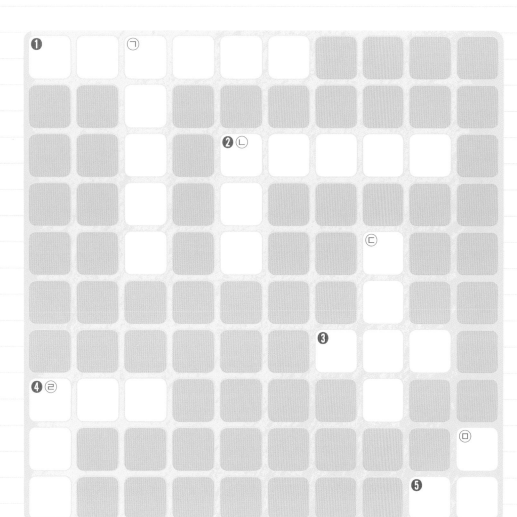

가로 퀴즈

1. 일제가 우리나라의 토지를 빼앗으려고 벌인 대규모 토지 조사.
2. 이회영이 독립에 이바지할 군인을 길러 내려는 목적으로 세운 학교.
3. 안창호가 미국 샌프란시스코에 세운 독립운동 단체.
4. 민족의 실력을 양성하려고 노력한 독립운동가로, 평양에 대성 학교를 세웠음.
5. 일제는 군대 안 경찰인 ○○들에게 경찰의 임무를 주어 한국인들을 감시하게 했음.

세로 퀴즈

㉠ 국권 강탈 이후 일제가 한국인들을 지배하고자 세운 통치 기구.
㉡ 을사늑약 이후 전개한 의병 활동으로 '태백산 호랑이'라는 별명을 얻었던 평민 출신 의병장.
㉢ 일제에 대항한 의병은 ○○○○이 일어나고 단발령이 내려지자 이에 반발해 처음 일어났음.
㉣ 이토 히로부미를 하얼빈역에서 저격한 인물.
㉤ 외적의 침입을 물리치려고 백성들이 자발적으로 조직한 군대.

나라를 잃고, 3·1 운동

일제의 강압적 통치가 계속되자 한국인들의 독립하려는 의지가 더욱 커졌어요. 이때 제1차 세계 대전이 끝나고 식민지 국가들이 독립하게 되자 한국인들은 이러한 상황을 독립의 좋은 기회로 삼아 만세 시위인 3·1 운동을 준비했어요.

준비
종교계 인사들을 중심으로 한 민족 대표들은 °독립 선언서를 작성하고 만세 시위를 준비했어요.

시작
- 1919년 3월 1일, 서울에서 민족 대표들은 대한의 독립을 선언하는 독립 선언식을 했어요.
- 학생들과 시민들은 탑골 공원에 모여 독립 선언서를 낭독하고 태극기를 흔들면서 만세 시위를 벌였어요.

확산
제암리 학살 사건과 같은 일제의 잔인한 탄압에도 만세 시위는 전국적으로 퍼져 나갔고, 국외에서도 만세 시위가 일어났어요.

▲ 3·1 운동이 일어난 지역

°독립 선언서: 독립을 선언하는 글. 종교계 인사들이 작성한 당시 독립 선언서에는 우리나라가 일제의 간섭과 지배에서 벗어나 독립한 자주적인 나라임을 국내외에 알리는 내용이 담겨 있음.

만세 시위를 한 유관순

이화 학당에 다니던 16살 학생이었던 유관순은 충청남도 천안에서 만세 시위를 계획했어요. 4월 1일, 천안 아우내 장터에서 벌어진 독립 만세 운동을 일제는 무자비하게 탄압했고 유관순의 아버지와 어머니는 만세 시위 중 목숨을 잃었어요. 주모자로 체포된 유관순은 감옥에 갇혀서도 독립 만세를 외쳤고 결국 모진 고문을 받아 18세의 나이로 감옥에서 목숨을 잃었습니다.

▶ 만세 시위를 하려고 덕수궁 앞을 메운 관중

나라를 되찾기 위해, 대한민국 임시 정부

대한민국 임시 정부 수립

3·1 운동 전후로 국내외 여러 지역에서 만들어진 임시 정부는 독립을 위한 힘을 하나로 모으기 위해 통합 정부를 수립하려고 노력했어요. 그 결과 1919년 9월, ★ 중국 상하이에서 여러 임시 정부를 통합한 대한민국 임시 정부가 수립되었어요.

독립 자금 모금 및 외교 활동
독립 자금을 모으고 다른 나라와 외교 활동도 하며 독립운동을 펼쳤어요.

비상 연락망 조직
비밀 연락망을 조직해 국내의 독립운동을 지휘했어요.

민주주의 정치 체제 구축
3·1 운동의 정신을 바탕으로 주권이 국민에게 있음을 밝히고 민주주의 정치 체제를 갖췄어요. 이는 오늘날 대한민국의 뿌리가 되었죠.

대한민국 임시 정부의 활동

한국광복군 창설
여러 지역에서 흩어져 싸우던 독립군을 모아 한국광복군을 창설해 일본과의 전쟁을 준비했어요.

한인 애국단 조직
대한민국 임시 정부의 김구는 한인 애국단을 조직하고, 무력으로 일제에 저항했어요. 한인 애국단원 윤봉길은 일본 왕의 생일 기념행사가 열린 상하이 훙커우 공원에서 폭탄을 던지는 의거를 결행했어요.

윤봉길

독립군들의 활약

3·1 운동 이후에 국외에서 활동하던 독립군 부대는 봉오동과 청산리에서 일본군을 크게 무찔렀습니다.

봉오동 전투 일본군이 봉오동을 공격하자 봉오동의 지형을 잘 알고 있던 홍범도는 전투에 유리한 지역으로 대규모의 일본군을 유인해 포위한 후 공격하여 크게 승리했어요.

봉오동 전투(1920. 6.)
홍범도 장군
봉오동
청산리
삼원보
백두산
청산리 대첩(1920. 10.)
김좌진, 홍범도 장군
동해
0   100 km

청산리 대첩 김좌진과 홍범도 등이 이끄는 독립군 부대는 청산리 일대에서 싸움에 유리한 지형과 전술을 이용해 일본군과 싸워 큰 승리를 거두었어요.

나라를 잃고, 민족정신 훼손

일제가 우리의 민족정신을 훼손하려고 한 일

일제 강점기에 일제는 우리의 민족정신을 훼손하고 없애려 하여 우리나라 사람들은 여러 어려움을 겪었어요.

우리말 사용 금지

우리나라 사람들은 우리말 대신 일본어를 쓰도록 강요당했어요.

신사 참배

우리나라 사람들은 전국에 세워진*신사에 강제로 참배했어요.

우리 역사의 왜곡

우리나라가 식민 지배를 받는 것이 당연하다고 생각하도록 우리나라의 역사를 왜곡했어요.

일본식 성명 강요

우리나라 사람들은 이름을 일본식으로 바꿔야 했어요.

*신사: 일본 왕실의 조상이나 국가에 큰 공로를 세운 사람 등을 신으로 모신 사당. 신사에 절을 하는 것은 곧 일제에 충성을 맹세한다는 의미를 지님.

일제의 인적 자원 수탈

일제는 1937년에 중국에서 전쟁을 일으킨 이후 우리나라 사람들을 무기 공장에서 일하는 노동자나 전쟁 군인으로 강제 동원했어요. 여성들은 일본군 '위안부'로 전쟁터에 끌려가 모진 고통을 당했어요.

▲ 전쟁에 동원된 어린 학생들

여기서 잠깐! 일본군 '위안부'와 수요 시위

일본군 '위안부'는 일본군과 일본 정부에 의해 전쟁터에 강제로 동원돼 지속적으로 성폭력과 인권 침해를 당한 여성을 말해요. 오늘날까지 일본은 진심 어린 사과를 하지 않았기 때문에 많은 시민이 매주 수요일마다 시위를 하고 있어요. 또 일본군 '위안부' 피해자들의 명예와 인권을 회복하고자 '평화의 소녀상'을 만들었어요.

▶ 평화의 소녀상

나라를 되찾기 위해, 민족정신 지키기

우리의 민족정신을 해치려는 일제에 맞서 독립운동가들은 우리의 것을 지키고 나라를 되찾기 위해 다양한 노력을 기울였어요.

역사를 지키기 위한 노력 – 신채호

신채호는 대한 제국 시기와 일제 강점기에 활동한 독립운동가이자 역사가, 언론인이에요. 그는 일본의 역사 왜곡에 맞서 ☆ 우리 민족의 우수성을 알리고 한국인의 독립 의지를 높이고자 역사책을 썼어요. 신채호는 『이순신전』, 『을지문덕전』과 같은 우리 역사 속의 영웅에 관한 전기를 쓰고, 『조선 상고사』에서 고조선부터 시작하는 우리 고대사를 소개해 우리나라의 역사를 축소하고 왜곡하던 일본 역사가들의 주장을 정면으로 반박했어요.

▲ 신채호

우리말을 지키기 위한 노력 – 조선어 학회

조선어 학회는 우리글의 가치를 알리고자 한글을 보급하고 한글 사전을 편찬하는 데 힘썼어요.

문학을 통한 저항 – 한용운, 이육사

한용운, 이육사를 비롯한 여러 문인도 꺾이지 않는 민족정신을 그들의 작품에 담았어요.

> 이밖에도 각종 민간 언론 기관과 청년, 학생들이 독립 의지를 우리 민족에게 심어 주고자 노력했지.

'이육사'라는 이름에 담겨 있는 비밀

이육사라는 이름으로 유명한 이원록은 항일 운동으로 열일곱 번의 옥고를 치른 독립운동가이자 시인이에요. 처음 감옥에 가게 되었을 때 수인 번호가 264번이었기 때문에 이육사로 작품 활동을 했어요. 이육사는 항일 정신을 시로 담은 「광야」, 「청포도」와 같은 작품을 지어 광복에 대한 의지와 기대를 드러냈으나, 안타깝게도 광복을 1년 앞둔 1944년에 감옥에서 숨졌어요.

▲ 이육사 동상과 시비

재미있는 개념 퀴즈!

1 다섯 고개 놀이를 하고 있어요. 힌트를 읽고 알맞은 인물을 빈칸에 쓰세요.

한 고개	나는 이화 학당에 다니던 학생이었어.
두 고개	나는 만세 시위로 학교가 휴교를 하자 고향인 충청남도 천안으로 내려가 만세 시위를 계획했어.
세 고개	나의 부모님은 만세 시위 중 일제에 의해 목숨을 잃었어.
네 고개	난 만세 시위의 주모자로 체포되었어.
다섯 고개	난 감옥에 갇혀서도 독립 만세를 외쳤어.

2 민찬이가 대한민국 임시 정부의 활동을 노트에 정리했는데, 창문으로 비가 들어오는 바람에 글씨가 번졌어요. 번진 글씨를 바로잡아 빈칸에 쓰세요.

쏴아

대한민국 임시 정부의 활동

• 비상 ㉠ ◯◯◯ 조직
• 독립 자금 모금 및 외교 활동
• 한인 ㉡ ◯◯◯ 조직
• ㉢ ◯◯◯◯ 창설
• 민주주의 정치 체제 구축

㉠: _____ , ㉡: _____ , ㉢: _____

3 친구들이 사회 시간에 일제가 우리의 민족정신을 훼손하려고 벌인 일을 발표하고 있어요. 그런데 잘못 말하고 있는 친구가 있네요. 잘못 말한 친구는 누구인지 쓰세요.

4 독립운동가들이 우리의 민족정신을 지키기 위해 기울인 노력이 바르게 적힌 징검돌만 밟아서 징검다리를 건너려고 해요. 밟아야 하는 징검돌을 따라 선으로 연결하세요.

되찾은 나라, 8·15 광복!

*광복: 다른 나라에 뺏긴 땅과 주권을 도로 찾음.

— 1945년
8·15 광복

제2차 세계 대전 중 연합국은 국내외 독립운동가들의 노력을 인정하여 여러 회담에서 우리나라의 독립을 약속했어요. ☆ 연합국이 일본과의 전쟁에서 승리하면서 우리나라는 1945년 8월 15일에 *광복을 맞이했어요.

광복 이전부터 독립운동가들은 광복 이후의 나라를 고민했어요. 대한민국 임시 정부는 건국의 원칙을 발표했고, 광복과 함께 국내에서 건국을 준비하는 단체가 만들어져 치안과 질서를 유지하고자 노력했어요.

▲ 광복을 맞이해 만세를 부르는 사람들

● 1948년 5월 10일
남한 총선거

● 1948년 7월 17일
제헌 헌법 공포

● 1948년 8월 15일
대한민국 정부 수립

광복 소식이 전해지자 다른 나라에 머물던 동포들이 국내로 돌아왔어요. 10월에는 이승만, 11월에는 김구를 비롯한 대한민국 임시 정부의 주요 인물들이 귀국했지요.

▲ 일본에서 고국으로 돌아오는 사람들의 모습 (1945. 10. 12.)

▲ 대한민국 임시 정부의 주요 인물이 귀국하기 직전 충칭에서 기념으로 찍은 사진(1945. 11. 3.)

● 1950년 6월 25일
6·25 전쟁 발발

광복 이후 학생들의 달라진 학교생활

∥ ∥ ∥ ∥ ∥

광복 후 처음 등교하는 날, 우리는 교과서도 없이 강의를 받았다. 생전 처음으로 우리말 국어 강의를 받은 그날의 환희와 감격은 정말 벅찼다. 학생들의 눈은 초롱초롱 빛났고 그 누구의 숨소리조차도 들을 수 없을 만큼 교실 안은 쥐 죽은 듯 조용했다. 이때만큼 열심히 수업받기는 평생 처음이었다.

- 광복 당시 어느 학생의 회고담

광복 이후 일본인 교사들은 일본으로 돌아갔고 학생들은 우리나라 선생님께 배울 수 있게 되었어요. 그리고 교실에서 일본과 관련된 것들이 사라졌고 일본어를 사용하지 않게 되었으며 학교에서 한글을 배우게 되었지요.

되찾은 나라, 그러나 한반도 분단

우리나라는 8·15 광복을 맞이하였지만 미국과 *소련의 대립, *신탁 통치를 둘러싼 사람들 간의 갈등으로 정부 수립에 어려움을 겪었어요. 결국 한국의 문제는 *국제 연합(UN)으로 넘어갔어요.

*소련: 1922~1991년에 유라시아 대륙에 있었던 소비에트 연방 공화국. 지금의 러시아와 주변 국가들.
*신탁 통치: 특정 국가가 다른 나라의 일정 지역을 대신 통치하는 제도.
*국제 연합(UN): 제2차 세계 대전 후 전쟁 방지와 평화 유지를 위해 설립된 국제기구.

38도선 설치

일본이 항복하자 한반도에 들어온 미국과 소련은 일본군의 무장 해제를 위해 38도선을 그었어요. 38도선 남쪽에는 미군이, 북쪽에는 소련군이 주둔했어요.

38도선의 모습

모스크바 3국 외상 회의

미국, 영국, 소련의 외무 장관이 모스크바에 모여 한반도의 문제에 대해 회의를 했어요. 이 회의에서 한반도에 임시 정부를 수립하고, 정부가 수립되기 전에 최대 5년간 신탁 통치를 실시한다는 내용이 결정되었어요.

신탁 통치 소식이 알려지자 우리나라에서는 신탁 통치에 반대하는 사람들과 모스크바 3국 외상 회의 결정에 찬성하는 사람들 간에 갈등이 일어났어요.

신탁 통치를 둘러싼 대립

▲ 신탁 통치 반대 집회
신탁 통치는 자주적인 정부 수립을 방해하기 때문에 반대했어요.

▲ 모스크바 3국 외상 회의 결정 지지 집회
신탁 통치를 하더라도 우선 임시 정부를 수립하면 더 빨리 자주적인 정부를 수립할 수 있다고 생각했어요.

미소 공동 위원회 결렬

임시 정부 구성 방법을 논의하기 위해 미소 공동 위원회가 열렸지만 미국과 소련의 서로 다른 입장 때문에 합의를 이루지 못했어요. 그러자 미국은 한국의 문제를 국제 연합(UN)에 넘겼어요.

되찾은 나라, 대한민국 정부 수립!

남한만의 총선거 실시 결정

미소 공동 위원회가 무산되고 미국이 한국의 정부 수립 문제를 국제 연합으로 넘기자, 국제 연합은 남북한 총선거로 통일 정부를 수립하기로 결정했어요. 국제 연합은 선거를 공정하게 관리하려고 한국 임시 위원단을 조직해 한반도로 보냈지요. 그러나 소련은 미국의 입장과 달리 한반도에서 미군과 소련군을 철수하자는 방안을 제시하며, 38도선 북쪽으로 위원단이 들어오지 못하게 했어요. 이에 ☆ 선거가 가능한 남한만이라도 총선거를 하자고 주장하는 쪽과 통일 정부를 수립하자는 쪽의 주장이 대립했지만, 국제 연합은 남한에서만 총선거를 하기로 결정했어요.

대한민국 정부 수립 과정에서 나온 서로 다른 주장

이승만은 선거가 가능한 남한만의 총선거를, 김구는 남북 분단을 막고자 통일 정부 수립을 주장했어요.

이승만(1875~1965)

"이제 무기한 연기된 회의가 재개될 기색도 보이지 않으며 통일 정부를 몹시 기다리지만 잘되지 않으니, 우리 남쪽만이라도 임시 정부 혹은 위원회 같은 것을 조직해 38 이북에서 소련이 물러나도록 세계의 여론에 호소해야 할 것이니, 여러분도 결심해야 할 것이다."

– 『서울신문』, 1946년 6월 4일

김구(1876~1949)

"한국이 있어야 한국 사람이 있고 민주주의도 공산주의도 또 무슨 단체도 있을 수 있는 것이다. 그러면 우리의 자주독립적 통일 정부를 수립해야 하는 이때에 어찌 개인이나 자기 집단의 욕심을 탐해 국가 민족의 백 년 계획을 그르칠 사람이 있으랴."

– 「삼천만 동포에게 읍고함」, 1948년 2월 10일

대한민국 정부 수립 과정

남한만의 총선거가 결정되자 다음과 같이 민주적 절차에 따라 대한민국 정부가 수립되었어요.

5·10 총선거	남한에서는 1948년 5월 10일에 국회 의원을 뽑는 첫 번째 민주 선거가 실시되었어요.

헌법 제정	*제헌 국회에서 헌법이 통과되었고, 7월 17일에 헌법이 공포되었어요.

*제헌 국회: 헌정 사상 최초로 구성된 의회로서, 헌법을 제정했기 때문에 제헌 국회라 함.

초대 대통령 선출	제헌 국회 의원들은 이승만을 *초대 대통령으로 선출했어요.

*초대 대통령 선거: 국회에서 국회 의원의 3분의 2 이상이 출석하고 출석한 의원 중 3분의 2 이상이 찬성해서 대통령을 선출하는 간접 선거 방식으로 이루어졌음.

대한민국 정부 수립	광복 3주년을 맞는 1948년 8월 15일에 대한민국 정부가 수립되었어요.

☆ 대한민국 정부의 수립은 대한민국 임시 정부의 전통을 이었으며 우리 민족의 오랜 염원이었던 독립 정부를 수립했다는 점에서 역사적 의미가 있어요.

한편 사실상 정부가 수립되어 있었던 북한에서도 1948년 9월에 조선 민주주의 인민 공화국이 수립되어 우리나라는 남과 북으로 나누어지게 되었어요.

▲ 대한민국 정부 수립 국민 축하식
(1948년 8월 15일)

5·10 총선거의 선거 포스터에 막대기가 그려져 있는 까닭

사진 속 선거 포스터의 후보자 이름 밑에 막대기가 표시되어 있는 까닭은 무엇일까요? 이는 글자를 읽지 못하는 사람들(문맹)을 배려한 것이에요. 광복 직후에 13세 이상 인구 중 68%가 문맹이었으나, 문맹 퇴치 운동 결과 1947년 중반에는 22.5%로 문맹률이 낮아졌어요.

분단된 나라, 6·25 전쟁

남과 북으로 나누어진 우리나라에서 1950년 6월 25일에 북한군의 남침으로 6·25 전쟁이 일어났고, 4년 여간 전쟁을 했어요. 참혹한 전쟁은 1953년 7월 27일 판문점에서 정전 협정을 체결하면서 멈춰졌습니다.

정전 협정 체결 후 스위스 제네바에서 남북한을 비롯해 미국, 소련, 중국 등 전쟁 관련국들이 한반도 문제를 평화적으로 해결하기 위한 회의를 열었어요. 그러나 양측의 주장이 대립하면서 회의는 성과 없이 끝났고 남과 북은 휴전 상태로 오늘날에 이르렀어요.

6·25 전쟁의 전개 과정

1 북한군의 남침 (1950. 6. ~ 9.)

1950년 6월 25일에 북한군은 남한을 무력으로 통일하고자 38도선 전 지역에서 총공격을 시작했어요. 전쟁에 대비하지 못한 국군은 북한군의 공격을 이겨 내지 못하고 낙동강 이남까지 후퇴했어요.

2 국군·국제 연합군의 반격 (1950. 9. ~ 10. 24.)

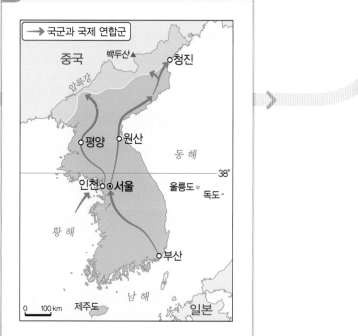

국제 연합은 16개국이 참여한 국제 연합군을 남한에 파견했어요. 인천 상륙 작전을 계기로 국군과 국제 연합군은 평양을 비롯한 북한 지역의 대부분을 장악한 후 압록강까지 진격했어요.

6·25 전쟁으로 사람들이 겪은 어려움

6·25 전쟁은 남북한 모두에게 잊지 못한 상처를 남겼어요. ⭐ 6·25 전쟁 중에 국군과 국제 연합군뿐만 아니라 많은 민간인이 다치거나 죽었어요. 피란을 가지 못한 사람 중에는 점령군이 바뀔 때마다 국군이나 북한군에게 도움을 줬다는 이유로 죽거나 고통을 당하는 사람들이 많았어요. 또한 ⭐ 전쟁 중 가족이 서로 헤어져 만나지 못하는 이산가족과 부모를 잃은 전쟁고아들이 수없이 생겨났지요. 6·25 전쟁으로 국토는 황폐해졌고 건물, 도로, 철도, 다리 등이 파괴되어 복구하는 데 많은 시간과 비용이 들었어요.

3 중국군의 개입 (1950. 10. 19. ~ 1951. 3.)

중국군이 압록강을 넘어 전쟁에 개입하면서 국군과 국제 연합군은 다시 후퇴했어요.

4 전선 고착·휴전 (1951. 3. ~ 1953. 7.)

38도선을 중심으로 치열한 전투가 벌어졌고, 한편에서는 정전 협정을 진행했어요. 협상 끝에 1953년 7월에 휴전이 결정되었고, 남과 북 사이에 휴전선을 정해 남북은 다시 둘로 나누어졌어요.

▲ 6·25 전쟁 직후 폐허가 된 서울 중앙청

재미있는 개념 퀴즈!

1 상우네 컴퓨터에 암호가 걸려 있어요. 아빠와 상우의 전화 통화 내용을 읽고 상우네 컴퓨터 비밀번호를 빈칸에 쓰세요.

> 컴퓨터 비밀번호는 우리나라가 광복한 날짜란다.

> 아빠, 우리 집 컴퓨터 비밀번호가 뭐예요?

2 다음은 모스크바 3국 외상 회의의 결과를 들은 우리나라 사람들의 반응입니다. □에 공통으로 들어갈 네 글자 말은 무엇인지 빈칸에 쓰세요.

> □□□□는 자주적인 정부 수립을 방해한다!

VS

> □□□□를 하더라도 우선 임시 정부를 수립하면 자주적인 정부 수립이 빨라질 것이다!

3 다음은 대한민국 정부 수립 과정에서 나온 주장이에요. 주어진 자음자와 모음자를 이용해 각각의 주장을 펼친 인물은 누구인지 쓰세요.

(1)

"이제 무기한 연기된 회의가 재개될 기색도 보이지 않으며 통일 정부를 몹시 기다리지만 잘되지 않으니, 우리 남쪽만이라도 임시 정부 혹은 위원회 같은 것을 조직해 38 이북에서 소련이 물러나도록 세계의 여론에 호소해야 할 것이니, 여러분도 결심해야 할 것이다."

ㅅ ㅣ ㅁ ㅁ ㅇ ㅡ ㅏ ㅇ

(2)

"한국이 있어야 한국 사람이 있고 민주주의도 공산주의도 또 무슨 단체도 있을 수 있는 것이다. 그러면 우리의 자주독립적 통일 정부를 수립해야 하는 이때에 어찌 개인이나 자기 집단의 욕심을 탐해 국가 민족의 백 년 계획을 그르칠 사람이 있으랴."

ㅜ ㄱ ㄱ ㅣ ㅁ

4 군인들이 지도를 보며 6·25 전쟁이 어떻게 진행되고 있는지 이야기하고 있어요. 바르게 말한 군인은 누구인지 기호를 쓰세요.

새로운 사회를 향한 움직임

사회의 새로운 변화와 오늘날의 우리

• 영조와 정조의 개혁 정책 •

영조	탕평책 실시, 세금 감면, 많은 책 편찬
정조	탕평책 실시, 규장각 설치, 경제 제도 개혁, ❶ [ ] 건설

• 실학과 서민 문화의 발전 •

❷ [ ]	농업 기술 보급과 토지 제도 개혁, 청의 문물 수용과 상공업 발달, 우리의 역사·지리·언어·자연 연구 등을 주장한 학문 예 『대동여지도』 제작
서민 문화	경제적 여유를 바탕으로 발달한 일반 백성도 참여할 수 있는 문화 예 한글 소설, 풍속화, 탈놀이, 판소리

• 흥선 대원군의 정책과 강화도 조약 체결 •

흥선 대원군의 정책	세도 정치의 잘못된 점을 고침, 서원 정리, 경복궁 중건
강화도 조약의 체결 과정	병인양요 → ❸ [ ] → 척화비 건설 → 강화도 조약 체결

• 갑신정변과 동학 농민 운동 •

갑신정변	김옥균 중심의 급진 개화파가 우정총국의 개국 축하 잔치를 틈타 일으킨 정변
동학 농민 운동	❹ [ ]이 지도자가 되어, 고부 군수의 횡포를 막기 위해 일으킨 농민 운동

✏️ 개념 확인 체크! 체크!

☐ 조선 후기의 정치적, 문화적 변화 내용을 이야기할 수 있어요. • 70~75쪽

☐ 흥선 대원군의 개혁 정책과 조선의 개항 과정을 이야기할 수 있어요. • 78~79쪽

☐ 개항 이후 나타난 근대화 노력과 민족 운동을 이야기할 수 있어요.
• 80~83, 86~90쪽

☐ 일제의 식민 지배와 이에 맞선 우리 민족의 독립운동을 시간 순서대로 이야기할 수 있어요. • 91, 94~97쪽

☐ 광복 이후 정부 수립 과정과 6·25 전쟁의 전개 과정을 이야기할 수 있어요.
• 100~105쪽

일제의 침략과 광복을 위한 노력

• 자주독립과 근대화를 위한 노력 •

배경	을미사변, 아관 파천 → 외세의 침략 강화
자주독립과 근대화를 위한 노력	• 서재필의 『독립신문』 창간 • ❺ [　　　　　] 의 활동 (독립문 건립, 만민 공동회 개최) • 대한 제국의 선포와 개혁

• 을사늑약과 항일 의병 운동 •

을사늑약	일제가 대한 제국의 외교권을 빼앗음. → ❻ [　　　　　] 의 이토 히로부미 저격
항일 의병 운동	일제로부터 나라를 지키려고 일어남. 예 평민 출신 의병장 신돌석 등장, 군대 해산 이후 13도 창의군의 서울 진공 작전

• 3·1 운동과 대한민국 임시 정부 •

배경	일제의 식민 통치(조선 총독부 설치, 헌병의 탄압, 토지 조사 사업 실시)
❼ [　　　　]	1919년 3월 1일, 전국적으로 전개된 독립 만세 시위
대한민국 임시 정부의 활동	3·1 운동을 계기로 상하이에서 수립 → 비밀 연락망 조직, 독립 자금 모금, 외교 활동, 한인 애국단 조직, 한국광복군 창설

• 민족정신을 지키려는 노력 •

배경	일제의 우리말 사용 금지, 우리 역사 왜곡, 신사 참배 강요, 일본식 성명 강요
민족정신을 지키려는 노력	❽ [　　　　] 의 한글 보급, 신채호의 역사 연구, 한용운과 이육사의 문학 활동

대한민국 정부의 수립과 6·25 전쟁

• 8·15 광복과 남북 분단 •

8·15 광복	우리 민족의 끊임없는 독립운동과 제2차 세계 대전에서 거둔 연합국의 승리로, 1945년 8월 15일에 광복을 맞이했음.
남북 분단	미군과 소련군의 38도선 분할 점령 → ❾ [　　　　　] 의 신탁 통치 결정을 둘러싼 민족의 분열 → 남북 분단

• 대한민국 정부의 수립 과정 •

❿ [　　　　] 의 남한만의 총선거 결정 → 5·10 총선거로 제헌 국회 구성 → 제헌 국회의 헌법 제정·공포 → 이승만 초대 대통령 선출 → 대한민국 정부 수립 선포

• 6·25 전쟁 •

전개 과정	북한군의 남침 → 인천 상륙 작전을 계기로 국군·국제 연합군의 반격 → 중국군의 개입 → 전선 고착·휴전
결과	• 많은 사람이 다치거나 죽었음. • 국토가 황폐해졌음. • 이산가족과 전쟁고아가 생겨났음.

▲ 국군과 국제 연합군의 인천 상륙 작전 (1950. 9. 15.)

▲ 중국군의 참전 (1950. 10. 19.)

1 다음과 같은 기관을 만든, 다음 글의 밑줄 친 '이 왕'을 쓰시오.

규장각은 학자들이 학문을 연구하고 나라의 정치를 의논하던 왕실의 도서관이었다. 창덕궁 뒤편 정원에 있는 규장각에서 이 왕은 여러 학자와 나라의 문제를 상의하고 의견을 나누었다. 규장각 학자들은 나라의 중요한 문제를 함께 연구하며, 이 왕의 개혁 정치를 도왔다.

(   )

2 조선 후기에 다음과 같은 문화가 발달한 까닭을 쓰시오.

▲ 한글 소설 『홍길동전』

▲ 김홍도의 「서당도」

▲ 하회 별신굿 탈놀이

_____

_____

3 흥선 대원군이 다음 내용이 새겨진 비석을 세운 까닭을 쓰시오.

외세가 침범했는데
싸우지 않는 것은 곧
나라를 팔아먹는 것이다.

_____

_____

_____

4 다음 중 갑신정변을 일으킨 사람의 주장에 ○표 하시오.

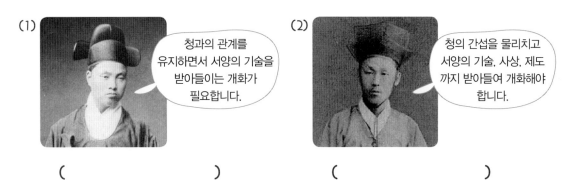

(1) 청과의 관계를 유지하면서 서양의 기술을 받아들이는 개화가 필요합니다.

(   )

(2) 청의 간섭을 물리치고 서양의 기술, 사상, 제도 까지 받아들여 개화해야 합니다.

(   )

5 다음 역사 신문의 빈칸에 들어갈 사건을 쓰시오.

역사 신문   1895년 ○○월 ○○일

[   ]이 일어났다!

일제가 경복궁에 침입해 건청궁 옥호루에서 명성 황후를 시해하고 시신을 불태우는 만행을 저질렀다. 최근 고종과 명성 황후가 러시아 세력을 끌어들여 일제의 간섭을 막으려 하자 일제가 참혹한 일을 벌인 것이다.

사건이 일어난 건청궁 옥호루 ▶

(   )

6 을사늑약을 계기로 일어난 의병 운동의 특징을 다음 인물과 관련하여 쓰시오.

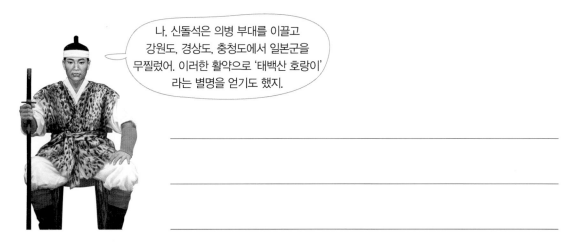

나, 신돌석은 의병 부대를 이끌고 강원도, 경상도, 충청도에서 일본군을 무찔렀어. 이러한 활약으로 '태백산 호랑이' 라는 별명을 얻기도 했지.

_____

_____

_____

7 다음과 같은 과정을 거쳐 수립된 정부가 한 일을 두 가지 쓰시오.

> 3·1 운동 전후로 국내외에서 여러 임시 정부가 만들어졌다. 우리 민족은 독립을 위한 힘을 하나로 모으기 위해 임시 정부를 통합하려고 노력했다. 그 결과 1919년 9월, 중국 상하이에서 여러 임시 정부를 통합한 대한민국 임시 정부가 수립되었다.
>
>
>
> 대한민국 임시 정부 청사(중국 상하이) ▶

_____

_____

_____

8 다음은 우리나라의 민족정신을 지키려는 노력을 정리한 표이다. ㉠, ㉡에 알맞은 말을 쓰시오.

㉠	우리 민족의 우수성을 알리고 한국인들의 독립 의지를 고취하고자 『조선 상고사』와 같이 우리 역사를 소개하는 책을 펴냈음.
조선어 학회	㉡
한용운, 이육사	꺾이지 않는 민족정신을 그들의 작품에 담았음.

9 다음 글의 밑줄 친 '이 선'을 무엇이라고 하는지 쓰시오.

> 일본군이 항복하자 미군과 소련군이 일본군의 무장 해제를 위해 한반도에 들어와 이 선을 경계로 남쪽과 북쪽에 각각 주둔했다.
>
>

(   )

10 다음 사건들을 시간 순서대로 바르게 나열하여 기호를 쓰시오.

> ㉠ 대한민국 정부 수립 선포   ㉡ 모스크바 3국 외상 회의 개최
> ㉢ 국제 연합의 남한만의 총선거 결정   ㉣ 5·10 총선거를 통한 제헌 국회 구성
> ㉤ 제헌 국회의 헌법 공포 및 대통령 선출

(   ) → (   ) → (   ) → (   ) → (   )

11 다음 인물과 인물이 주장한 내용을 바르게 연결하시오.

(1)

▲ 김구

·   · ㉠   선거가 가능한 남한만이라도 총선거를 실시하여 남한에서 단독 정부를 수립하자.

(2)

▲ 이승만

·   · ㉡   남한만의 총선거에 반대한다. 남북한 통일 정부를 수립해야 한다.

12 6·25 전쟁이 우리 민족에게 끼친 피해를 한 가지 쓰시오.

_____

_____

_____

위정척사파와 개화파의 대립

 언니, 주말에 부모님과 강화도에 놀러가서 봤던 '연무당 옛터'라는 표지석 기억하지? 알고 보니 연무당은 강화도 조약이 체결된 곳이래.

 어머! 그렇구나. 강화도 조약을 체결할 때 위정척사파 사람들 중 하나였던 최익현은 도끼를 들고 서울 광화문 앞에 꿇어앉아 강화도 조약의 체결에 반대하는 상소를 올렸었지. 상소를 받아들이지 않으려 거든 도끼로 자신의 목을 치라는 의미였어.

저들은 일본인이라고는 하나 실은 서양 도적입니다. 저들과 교류가 이루어지면 사악한 학문이 온 나라 안에 퍼지게 될 것입니다.

 위정척사파가 뭐야? 개화파라면 알고 있지만, 위정척사파는 처음 들어보는 말인데.

중학교에서 배워!

강화도 조약의 체결을 전후한 시기에 조선의 개항을 바라는 '**개화파**'라는 정치 세력이 성장했지만, 이에 반대하는 정치 세력도 있었지. 개항과 개화에 반대하는 정치 세력을 '**위정척사파**'라고 불러. 위정척사의 한자말을 풀어보면 '衛 지키다 **위**, 正 바르다 **정**, 斥 물리치다 **척**, 邪 간사하다 **사**'이므 로, 위정척사는 바른 것(조선의 유교적 사회 질서)을 지키고, 그릇된 것(서양의 문물과 사상)을 배척한 다는 의미를 담은 말이야.

위정척사 운동은 통상과 개화에 반대하던 양반 유생들이 전개했어. 이들은 처음에는 외국과의 통상 에 반대했고, 강화도 조약으로 개항을 한 이후에는 정부의 개화 정책에 반발했지. 또, 일제의 침략에 저항하여 항일 의병을 이끈 사람들도 위정척사파 유생들이었단다.

3

6-1 1,2단원 6-2 2단원

오늘날 우리나라의 정치·경제 발전

이 단원을
들어가기
전에

오늘날 우리나라의
정치·경제 모습을 살펴보며
숨은 그림을 찾아보세요.

✅ 장갑   ✅ 반바지

✅ 종이배   ✅ 아이스크림

✅ 쇼핑백   ✅ 삼각 플라스크

민주주의를 지킨 시민들, 4·19 혁명

4·19 혁명(1960년)의 과정

*정부통령 선거: 대통령과 부통령을 함께 뽑는 선거.

우리나라의 첫 번째 대통령인 이승만은 헌법을 바꿔 가며 계속 대통령이 되어 독재 정치와 부정부패를 했어요. 그런데 이승만 정부는 1960년 3월 15일 *정부통령 선거에서 이기기 위해 부정 선거를 저질렀어요. 그래서 시민들과 학생들은 ☆ 이승만 정부의 독재 정치와 3·15 부정 선거로 짓밟힌 민주주의를 바로 세우고자 4·19 혁명을 일으켰어요.

다음 사진은 4·19 혁명이 일어난 과정을 정리한 것이에요.

이때 시위에 참여했다가 실종된 김주열 학생이 마산 앞바다에서 발견되자 시위는 더욱 확산됐어요.

1 이승만 정부의 부정부패에 대항해 대구에서 학생들의 시위가 일어났어요.

3·15 부정 선거

2 1960년 3월 15일, 이승만 정부는 계획했던 부정 선거를 실행했고, 그 결과 선거에서 이겼어요.

3 마산에서 3·15 부정 선거를 비판하는 시위가 일어났고, 많은 시민과 학생들이 경찰의 폭력적인 진압으로 죽거나 다치는 일이 일어났어요.

3·15 부정 선거

이승만 정부는 1960년 3월 15일 정부통령 선거에서 유권자에게 돈이나 물건을 주는 방법, 투표한 용지를 태워 없애거나 조작된 투표용지를 넣은 투표함으로 바꾸는 방법을 동원해 선거에 이겼어요. 이러한 3·15 부정 선거는 4·19 혁명의 배경이 되었답니다.

돈을 받았으니 이승만 정부에 투표해야지.

조작된 투표함으로 바꿔야지.

4 4월 19일, 각계각층의 시민이 참여하는 전국 시위로 확대됐어요.

정부는 마산 사건을 책임져라.

3·15 선거는 부정 선거이다.

시민들은 3·15 부정 선거를 바로 잡고 독재를 막으려고 했으며, 민주주의를 바로 세우기 위해서 시위에 참여했어.

↳ 시위 무력 진압

이승만 대통령 하야

5 대학교수들이 학생들을 지지하며 정부에 항의했어요.

6 시위가 거세지자 이승만은 대통령 자리에서 물러났고, 3·15 부정 선거는 무효가 되었어요.

7 시민들은 질서를 지키면서 사회 혼란을 바로잡으려고 노력했어요.

4·19 혁명 이후 국민들은 올바른 민주주의 사회를 만들려고 노력했어요. 그 결과 재선거가 실시되었고, 새로운 정부가 세워졌답니다.

4·19 혁명의 의의

4·19 혁명 과정에서 많은 시민과 학생들이 희생되어 민주주의에 대한 국민들의 관심이 높아졌어요. ☆ 4·19 혁명을 계기로 민주적인 절차와 과정을 무시하고 들어선 정권은 국민 스스로 바로잡아야 한다는 교훈을 얻게 되었답니다.

▲ 국립 4·19 민주 묘지(서울특별시 강북구)

민주주의를 지킨 시민들,
5·18 민주화 운동

4·19 혁명 이후 국민은 민주적인 사회를 기대하고 있었어요. 그러나 새로운 정부가 들어선지 1년도 되지 않아 박정희가 군인을 동원해 정권을 잡고 또 독재 정치를 했어요. 독재 정치를 반대하는 대규모 시위가 일어나는 혼란한 상황에서 박정희가 살해되자, 국민은 민주주의 사회를 기대했어요. 그러나 전두환이 중심이 된 군인들은 국민의 기대를 무너뜨리고 민주화 운동을 탄압했어요. 박정희와 전두환이 민주주의를 어떻게 탄압했는지 살펴보고, 시민들이 일으킨 5·18 민주화 운동의 과정을 알아볼까요?

5·18 민주화 운동 이전의 민주주의 탄압 과정

5·16˚군사 정변(1961년)
4·19 혁명 이후 박정희는 군인들을 동원해 정권을 잡았어요.

박정희는 계속 대통령을 하려고 헌법을 바꿔 대통령을 세 번까지 할 수 있도록 했어요.

˚유신 헌법(1972년 10월)
박정희는 헌법을 또 바꿔 대통령을 할 수 있는 횟수를 제한하지 않았으며, 대통령˚직선제를˚간선제로 바꿨어요.

혼란스러운 상황에서 박정희는 부하에게 살해되었어요.

박정희 정부는 독재 정치를 더 심하게 했고, 1979년에는 이에 반대하는 대규모 시위가 있었어요.

전두환이 중심이 된 군인들이 또 정변을 일으켰어요.

> 이때부터 전두환 중심으로 정치가 시작돼요.

시민들은 이전 헌법을 새로 고치고 국민 투표로 새 정부를 세울 것을 요구하며 전국적으로 시위를 벌여 나갔어요.

정변을 일으킨 군인들은 이러한 요구를 무시하고 국민을 탄압했어요.

˚군사 정변(쿠데타): 군인들이 힘을 앞세워 정권을 잡는 행위.   ˚유신: 낡은 제도를 새롭게 고침.

˚직선제: 국민이 직접 대표를 뽑는 선거 제도.   ˚서거: 죽어서 세상을 떠남.

˚간선제: 일정 수의 선거인단을 구성해 이들에게 대표자를 뽑게 하는 선거 제도.

5·18 민주화 운동(1980년)

전개 과정

전라남도 광주에서 대규모 민주화 시위가 일어나자 전두환은 시위를 진압할 *계엄군을 광주에 보냈고, 이들은 시민들과 학생들을 향해 총을 쏘며 폭력적으로 시위를 진압했어요.

많은 사람이 다치거나 죽었고, 분노한 시민들은 *시민군을 만들어 군인들에게 대항했어요.

*계엄군: 전쟁이나 내란 등 국가의 비상사태가 일어났을 때, 전국 또는 일부 지역을 경계하는 임무를 맡은 군대.
*시민군: 시민들이 스스로 조직한 군대.

결과

계엄군은 시위를 이끌던 사람들이 모여 있던 전라남도청을 공격해 이들을 강제로 진압했고, 이 과정에서 수많은 사람이 희생되었어요.

5·18 민주화 운동의 의의

5·18 민주화 운동은 부당한 정권에 맞서 민주주의를 지키려는 시민들과 학생들의 의지를 보여 주었어요. 또, ⭐ 우리나라의 민주주의 발전에 밑거름이 되었으며, 세계 여러 나라의 민주화 운동에 영향을 주었죠. 이러한 학생들과 시민들의 노력을 기억하기 위해 정부에서는 5·18 민주화 운동이 일어난 5월 18일을 국가 기념일로 지정했답니다.

> 5·18 민주화 운동 기록물은 2011년에 유네스코 세계 기록 유산으로 등재되었어요.

▲ 국립 5·18 민주 묘지 추모탑

▲ 5·18 민주화 운동 기록물

광주 시민들과 학생들이 5·18 민주화 운동 중에 한 노력

전두환은 전라남도 광주에서 일어난 일이 신문이나 방송으로 알려지는 것을 막았기 때문에 광주 시민들과 학생들은 계엄군이 광주에서 저지른 만행을 외부에 알리려고 노력했어요. 또, 정부와 계엄군에게 시위 중 잡혀간 사람들을 풀어 줄 것과 계엄군이 물러날 것을 요구했답니다. 시민들 스스로 광주 시내의 질서를 지키려고 힘썼으며, 어려움에 처한 이웃을 서로 돕는 등 힘든 상황을 함께 헤쳐 나가려고 노력했어요.

재미있는 개념 퀴즈!

1 다음 대화를 읽고, ㉠, ㉡, ㉢에 들어갈 숫자를 더해 알맞은 답을 쓰세요.

이승만 정부가 정부통령 선거에서 이기려고 계획했던 ㉡·㉢ 부정 선거가 배경이 되어 일어났어요.

㉠·19 혁명은 왜 일어났을까요?

이승만 정부가 독재 정치를 했기 때문이에요.

부정 선거 때 조작된 투표용지를 넣어 투표함을 바꾸기도 했어요.

2 박물관에서 4·19 혁명의 과정을 보여 주는 전시회가 열렸어요. 잘못 전시된 사진과 내용을 찾아 번호를 쓰세요.

4·19 혁명의 과정

❶	❷	❸	❹	❺
마산에서 부정 선거를 비판하는 시위가 일어났음.	4월 19일, 전국에서 많은 시민과 학생들이 시위에 참여했음.	이승만이 대통령 직선제를 간선제로 바꿨음.	이승만이 대통령 자리에서 물러났음.	시민들은 사회 혼란을 바로잡으려고 노력했음.

3 5·18 민주화 운동에 대해 바르게 설명한 내용의 번호를 아래 빙고 판에서 찾아 모두 ○표 하고, 완성된 빙고가 몇 줄인지 빈칸에 쓰세요.

1. 전두환이 중심이 된 군인들이 정변을 일으켜서 발생했어요.

2. 시민들이 국민 투표로 새 정부를 세울 것을 요구하자, 군인들은 이를 받아들였어요.

3. 계엄군은 비폭력적인 방법으로 시민들과 학생들의 시위를 진압했어요.

4. 분노한 시민들은 시민군을 만들어 군인들에게 대항했어요.

5. 계엄군은 시위를 하던 사람들이 모여 있던 전라남도청을 공격해 이들을 강제로 진압했어요.

6. 시민들은 어려움에 처한 이웃을 무시하고 도와주지 않았어요.

7. 당시 국민들은 광주에서 일어난 5·18 민주화 운동을 잘 몰랐어요.

8. 세계 여러 나라의 민주화 운동에 영향을 받았어요.

9. 시민들과 학생들의 민주화 노력을 기억하기 위해 5월 18일을 국가 기념일로 지정했어요.

가로, 세로, 대각선으로 나란히 놓인 숫자 3개를

모두 ○표 하면 빙고 1줄 완성!

✏️ 완성된 빙고: ☐ 줄

민주주의를 지킨 시민들,
6월 민주 항쟁

전두환은 5·18 민주화 운동을 강제로 진압한 후 간선제로 대통령이 되었어요. 전두환 정부는 신문과 방송을 통제해 정부에 유리한 내용만 국민들에게 전하도록 해 국민들의 알 권리를 막았어요. 또, 민주주의를 요구하는 사람들을 탄압했고, 직선제 내용이 포함되도록 헌법을 바꿔야 한다는 국민의 요구를 받아들이지 않겠다고 했어요. ☆ 이에 시민들은 정부에 독재 정치 반대와 대통령 직선제 실시를 요구하며 6월 민주 항쟁을 일으켰어요.

다음은 사진과 함께 6월 민주 항쟁 과정을 정리한 것이에요.

6월 민주 항쟁(1987년)의 과정

 ≫  ≫  ≫

1 민주화 운동에 참여했던 대학생 박종철이 강제로 경찰에 끌려가 고문받다가 사망하는 사건이 발생했어요.

2 시민들과 학생들은 이 사실을 숨기던 정부에 고문을 금지할 것과 책임자를 처벌할 것을 요구했어요.

3 전두환 정부는 직선제 내용이 포함되도록 헌법을 바꿔야 한다는 국민의 요구를 받아들이지 않겠다고 발표했어요.

6·29 민주화 선언은 대통령 직선제, 언론의 자유 보장, 지방 자치제 시행, 지역감정 없애기 등의 내용을 담고 있어요. 6월 민주 항쟁 이후 헌법을 개정하거나 법을 새롭게 만들어 이러한 내용을 실천해 나갔어요.

▲ 대통령 직선제

언론의 자유 보장

▲ 지방 자치제 시행

4 시위가 이어졌고 이 과정에서 경찰이 쏜 최루탄에 대학생 이한열이 맞아 사망했어요.

5 1987년 6월, 시민들과 학생들은 전두환 정부의 독재에 반대하고 대통령 직선제를 요구하며 전국 곳곳에서 시위를 벌였어요.

6 결국 당시 여당 대표는 직선제를 포함한 민주화 요구를 받아들이겠다는 6·29 민주화 선언을 발표했어요.

국민들은 불법적으로 잡은 권력을 유지하고자 민주주의를 탄압했던 정권에 맞서 싸워 승리했어요.

6월 민주 항쟁의 의의

6월 민주 항쟁은 우리 사회 여러 분야에서 민주적인 제도를 만들고 그것을 실천해 나갈 수 있게 한 중요한 사건이었어요. 이 항쟁을 통해 ☆ 대통령 직선제 등의 제도를 만들어 민주주의의 기초를 마련했어요.

6월 민주 항쟁 이후, 민주화 과정은?
시민들의 정치 참여 활동 확대

● ── **1987년**
6월 민주 항쟁,
대통령 직선제 시행

● ── **1991년**
지방 자치제 부활
(지방 의회 선거)

● ── **1995년**
지방 자치제 정착
(지방 의회 의원,
지방 자치 단체장
선거)

● ── **2007년 5월**
주민 소환제 시행
(지방 의회 의원,
지방 자치 단체장
대상)

대통령 직선제

☆ '대통령 직선제'는 대통령을 국민이 직접 선거로 뽑는 방식을 말해요. 6월 민주 항쟁의 결과로 6·29 민주화 선언이 발표됨에 따라 1987년 제13대 대통령 선거가 직선제로 시행되었답니다. 이것은 시민과 학생들이 군사 독재를 끝내고 민주화를 이루고자 노력한 결과로, 오늘날까지 계속 시행되고 있어요.

지방 자치제

☆ '지방 자치제'는 지역의 주민이 직접 선출한 지방 의회 의원과 지방 자치 단체장이 그 지역의 일을 처리하는 제도를 말해요. 지방 자치제는 1991년 지방 의회 선거에서 구성되었으며, 1995년 지방 의회 의원 선거, 지방 자치 단체장 선거가 치러지면서 완전히 자리 잡게 되었어요. 지방 자치제를 실시해 주민들은 지역의 문제를 스스로 해결하려고 의견을 제시하고, 지역의 대표들은 주민들의 의견을 수렴해 여러 가지 문제를 민주적으로 해결하고 있답니다.

주민 소환제

☆ '주민 소환제'는 주민이 직접 선출한 의원이나 단체장이 직무를 잘 수행하지 못했을 때 주민들이 투표로 그들을 자리에서 물러나게 하는 제도예요. 우리나라는 2007년 5월부터 지방 의회 의원과 지방 자치 단체장을 대상으로 시행하고 있어요.

오늘날, 사회 공동의 문제는?
시민들이 참여하여 해결

☆ 오늘날 시민들은 사회 공동의 문제를 평화적이고 민주적인 방법으로 해결하고 있어요. 이에 따라 더 많은 시민이 사회 공동의 문제를 해결하는 데 참여하게 되었어요.

다음은 오늘날 시민들이 해결하는 방식이에요.

▲ 캠페인

▲ 서명 운동

▲ 1인 시위

▲ 누리 소통망 서비스(SNS)에 의견 올리기

▲ 선거나 투표에 참여

▲ *공청회 참석

*공청회: 정책 결정 전에 관련된 사람들과 전문가의 의견을 듣는 공개 회의.

▲ 정당 활동

▲ 시민 단체 활동

▼ 촛불 집회와 같은 대규모 집회

재미있는 개념 퀴즈!

1 6월 민주 항쟁을 주제로 한 영화를 찍으려고 해요. 대본을 6월 민주 항쟁이 일어난 순서대로 나열하여 기호를 쓰세요.

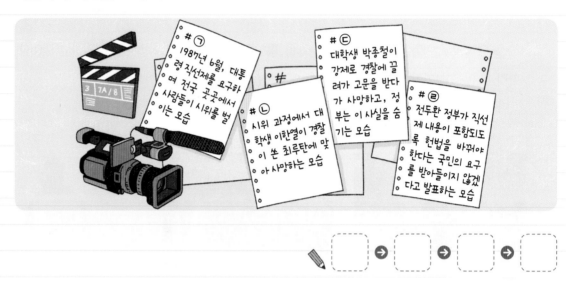

㉠
1987년 6월, 대통령 직선제를 요구하며 전국 곳곳에서 사람들이 시위를 벌이는 모습

㉢
대학생 박종철이 강제로 경찰에 끌려가 고문을 받다가 사망하고, 정부는 이 사실을 숨기는 모습

㉡
시위 과정에서 대학생 이한열이 경찰이 쏜 최루탄에 맞아 사망하는 모습

㉣
전두환 정부가 직선제 내용이 포함되도록 헌법을 바꿔야 한다는 국민의 요구를 받아들이지 않겠다고 발표하는 모습

☐ → ☐ → ☐ → ☐

2 6월 민주 항쟁의 결과로 발표한 선언의 내용 일부가 암호로 적혀 있어요. 암호 풀이표를 보고 암호를 풀어 ㉠과 ㉡에 들어갈 알맞은 말을 쓰세요.

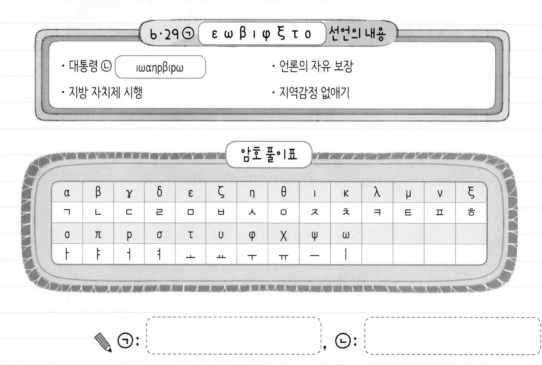

6·29 ㉠ (ε ω β ι φ ξ τ ο) 선언의 내용

· 대통령 ㉡ (ιωαηρβιρω)
· 지방 자치제 시행
· 언론의 자유 보장
· 지역감정 없애기

암호 풀이표

α	β	γ	δ	ε	ζ	η	θ	ι	κ	λ	μ	ν	ξ
ㄱ	ㄴ	ㄷ	ㄹ	ㅁ	ㅂ	ㅅ	ㅇ	ㅈ	ㅊ	ㅋ	ㅌ	ㅍ	ㅎ
ο	π	ρ	σ	τ	υ	φ	χ	ψ	ω				
ㅏ	ㅑ	ㅓ	ㅕ	ㅗ	ㅛ	ㅜ	ㅠ	ㅡ	ㅣ				

✏️ ㉠: [   ] , ㉡: [   ]

128

3 아인이네 반에서는 6월 민주 항쟁 이후의 민주주의 제도와 의미가 맞는 친구끼리 짝을 하기로 정했어요. 바르게 짝 지어 앉은 친구들은 몇 번인지 번호를 쓰세요.

4 오늘날 시민들의 사회 공동 문제 해결에 참여하는 방식이 적힌 보석만 꿰어 팔찌를 만들려고 해요. 팔찌를 잘못 만든 어린이는 누구인지 쓰세요.

6·25 전쟁 이후~1960년대, 성장한 산업은? 경공업

6·25 전쟁 직후(1950년대) 경제 성장 모습

우리나라는 6·25 전쟁으로 파괴된 산업 시설들을 복구하고 경제적으로 자립하기 위해 공업 발전에 힘썼어요. 1950년대에는 다른 나라의 도움을 받아 농업 중심의 산업 구조를 공업 중심의 산업 구조로 변화시키려고 노력했고, ☆ 생활에 필요한 물품을 만드는 식료품 공업, 섬유 공업 등 소비재 산업이 주로 발전했어요.

▲ 밀가루 생산 공장

1960년대 경제 성장을 위한 정부의 모습

*경제 개발 5개년 계획: 경제 발전을 하려고 1962년부터 1986년까지 5년 단위로 추진한 경제 계획.

1962년에 정부는 *경제 개발 5개년 계획을 세우고, 국내에서 생산한 제품을 해외로 수출해 경제 성장을 이루고자 다음과 같은 노력을 했어요.

고속 국도, 항만 등의 시설 건설	기업이 제품을 생산하고 운반해 수출할 수 있도록 정유 시설, 발전소, 고속 국도, 항만 등을 많이 건설했음.
수출 기업 지원	제품을 수출하는 기업의 세금을 내려 주고, 기업이 여러 나라에 다양한 제품을 쉽게 수출할 수 있도록 지원했음.

▲ 울산 정유 공장 건설

▲ 춘천 수력 발전소 공사

▲ 경부 고속 국도 개통

1960년대에 발달한 경공업

*경공업: 식료품, 섬유, 종이 등 비교적 가벼운 물건을 만드는 산업.

☆ 기업은 정부의 경제 개발 계획에 따라 신발, 가발, 의류, 섬유 등 *경공업 제품을 만들어 수출하며 성장했어요.

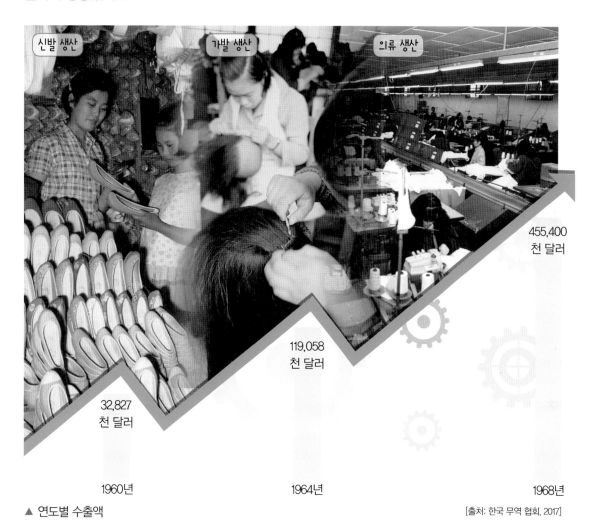

▲ 연도별 수출액

[출처: 한국 무역 협회, 2017]

경공업 발달이 우리나라 경제에 미친 영향

기업은 많은 노동력이 필요한 제품을 낮은 가격으로 생산해 수출하면서 빠르게 성장할 수 있었으며, 가계의 소득도 점점 증가했어요. 이렇게 우리나라는 1960년대 경공업 위주의 공업화로 기업과 가계의 경제가 성장할 수 있었어요.

🌟 여기서 잠깐!   **1960년대 경공업이 발달한 까닭**

신발, 가발, 옷과 같은 경공업 제품을 만드는 산업은 사람이 직접 손으로 만드는 과정이 많기 때문에 1960년대 노동력이 풍부했던 우리나라에 유리했어요. 또, 당시에는 저렴하게 생산된 경공업 제품들이 다른 나라에서 많이 판매되는 시기여서 경공업이 발달할 수 있었답니다.

1970년대 이후, 성장한 산업은?
중화학 공업

1970년대 경제 성장을 위한 정부의 노력

*중화학 공업: 철, 배, 자동차 등 무거운 제품이나 플라스틱, 고무제품, 화학 섬유 제품을 생산하는 산업

1970년대 정부는 경공업 중심의 산업 구조에 따른 어려움을 해결하고 국가 경제를 획기적으로 발전시키려고 철강, 석유 화학, 기계, 조선, 전자 등의 *중화학 공업을 육성하기로 했어요. 중화학 공업은 경공업보다 많은 돈과 높은 기술력이 필요한 산업이에요. 그래서 정부는 다음과 같은 노력을 했어요.

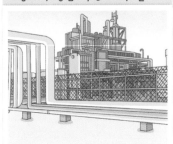

중화학 공업 육성 계획 발표

정부는 중화학 공업 육성 계획을 발표했으며 철강, 석유 화학, 기계, 조선, 전자 등의 산업을 성장시키려고 노력했음.

교육 시설과 연구소 설립

높은 기술력을 갖추려고 교육 시설과 연구소 등을 설립했음.

기업에 여러 지원

기업에 낮은 이자로 돈을 빌려 줘 각종 산업에 적극적으로 참여할 수 있도록 지원했음.

★ 여기서 잠깐! 경공업과 중화학 공업의 비교

경공업	구분	중화학 공업
식료품, 섬유, 종이 등 비교적 가벼운(輕 가벼울 경) 물건을 만드는 산업	의미	철, 배, 자동차 등 무거운(重 무거울 중) 제품이나 플라스틱, 화학 섬유 제품 등을 생산하는 산업
섬유, 합판, 가발, 신발 등	종류	철강, 석유 화학, 조선, 자동차, 전자 등
자본이 적게 들고 기술 습득이 용이함.	자본, 기술	자본이 많이 들고 높은 기술력이 필요함.
1960년대	발달 시기	1970년대와 1980년대

1970년대와 1980년대에 발달한 중화학 공업

철강 및 석유 화학 산업

철강 및 석유 화학 산업은 제품을 생산하는 데 필요한 재료를 만드는 산업이라 빨리 발달했고, 필요한 재료의 대부분을 다른 나라에서 수입해야 했던 문제점을 해결했음.

조선 산업

1973년에 최초로 해외에서 주문을 받아 대형 선박을 만들기 시작했고, 이후 우리나라 수출을 이끄는 산업으로 성장했음.

1970년대

1980년대

자동차 산업

1980년대에 본격적으로 세계 시장에 제품을 수출하면서 크게 성장했음.

전자 산업

기계 산업, 전자 산업도 크게 발전해 정밀 기계, 기계 부품, 텔레비전 등이 주요 수출품으로 자리 잡았음.

중화학 공업 발달이 우리나라 경제에 미친 영향

중화학 공업이 발달하면서 ☆ 우리나라의 산업 구조는 경공업에서 중화학 공업 중심으로 바뀌었으며, 세계적으로 우수한 제품을 생산할 수 있게 되었어요. 수출액과 국민 소득도 빠르게 증가해 사람들의 생활 수준도 크게 향상되었지요.

1990년대 이후, 성장한 산업은?
컴퓨터/반도체 → 정보 통신 → 첨단/서비스

1990년대와 2000년대에 발달한 산업

컴퓨터 관련 산업 등장, 반도체 산업 발달 1990년대에 컴퓨터와 가전제품의 생산이 늘어나면서 핵심 부품인 반도체의 중요성이 커졌음. 우리나라 기업들이 꾸준히 노력한 결과, 세계적으로 성능이 뛰어난 반도체를 생산할 수 있게 되었음.

초고속 정보 통신망 설치, 정보 통신 산업 발달 1990년대 후반부터 정부와 기업은 정보화 사회의 경제 발전을 위해 전국에 걸쳐 초고속 정보 통신망을 만들었음.

1990년대

▲ 전자 제품 속의 반도체

1990년대 후반

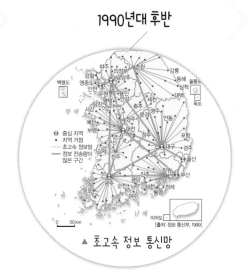

▲ 초고속 정보 통신망

우리나라 국내 총생산과 1인당 국민 총소득의 변화

우리나라의 *국내 총생산과 *1인당 국민 총소득의 변화를 통해 우리나라의 경제 성장 모습을 확인할 수 있어요.

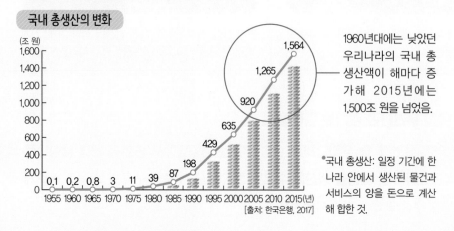

국내 총생산의 변화

(조 원)

1,600 / 1,400 / 1,200 / 1,000 / 800 / 600 / 400 / 200

0.1 0.2 0.8 3 11 39 87 198 429 635 920 1,265 1,564

1955 1960 1965 1970 1975 1980 1985 1990 1995 2000 2005 2010 2015 (년)
[출처: 한국은행, 2017]

1960년대에는 낮았던 우리나라의 국내 총생산액이 해마다 증가해 2015년에는 1,500조 원을 넘었음.

*국내 총생산: 일정 기간에 한 나라 안에서 생산된 물건과 서비스의 양을 돈으로 계산해 합한 것.

첨단 산업, 서비스 산업 발달 2000년대 이후부터는 고도의 기술이 필요한 생명 공학, 우주 항공, 신소재 산업, 로봇 산업과 같은 첨단 산업과 사람들에게 즐거움을 주고 삶을 편리하게 해 주는 문화 콘텐츠 산업, 의료 서비스 산업, 관광 산업, 금융 산업 등의 다양한 서비스 산업이 빠르게 발달하고 있음.

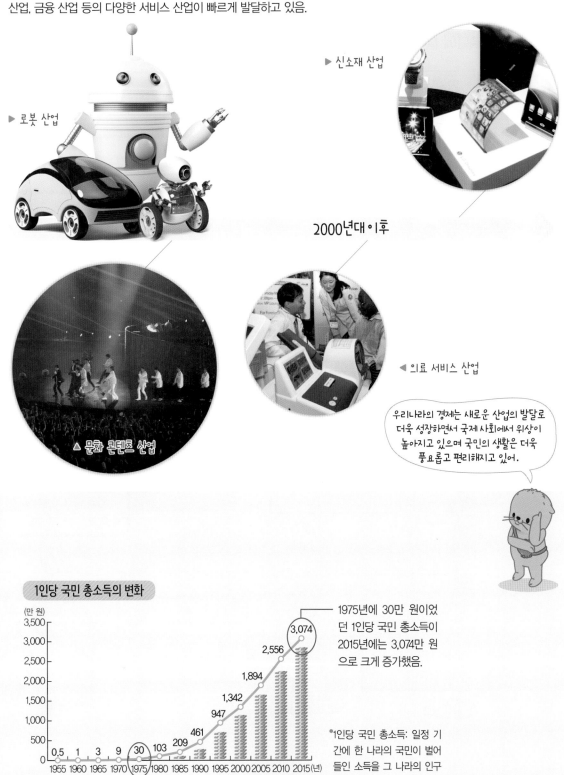

▶ 신소재 산업

▶ 로봇 산업

2000년대 이후

◀ 의료 서비스 산업

▲ 문화 콘텐츠 산업

우리나라의 경제는 새로운 산업의 발달로 더욱 성장하면서 국제 사회에서 위상이 높아지고 있으며 국민의 생활은 더욱 풍요롭고 편리해지고 있어.

1인당 국민 총소득의 변화

(만 원)

0.5	1	3	9	30	103	209	461	947	1,342	1,894	2,556	3,074
1955	1960	1965	1970	1975	1980	1985	1990	1995	2000	2005	2010	2015(년)

[출처: 한국은행, 2017]

1975년에 30만 원이었던 1인당 국민 총소득이 2015년에는 3,074만 원으로 크게 증가했음.

*1인당 국민 총소득: 일정 기간에 한 나라의 국민이 벌어들인 소득을 그 나라의 인구로 나눈 것.

135

재미있는 개념 퀴즈!

1 수인이가 1960년대 우리나라의 경제 성장 카드에 마시던 음료수를 쏟았어요. 음료수로 지워진 부분에 들어갈 알맞은 내용을 골라 기호를 쓰세요.

1960년대 공업

?

- ㉠ 첨단 산업
- ㉡ 농업
- ㉢ 게임 산업
- ㉣ 중화학 공업
- ㉤ 경공업

2 고장 난 파이프를 고치려고 해요. 고장 난 파이프에는 1970년대와 1980년대 경제 성장 모습이 잘못 설명되어 있대요. 고쳐야 하는 파이프를 찾아 기호를 쓰세요.

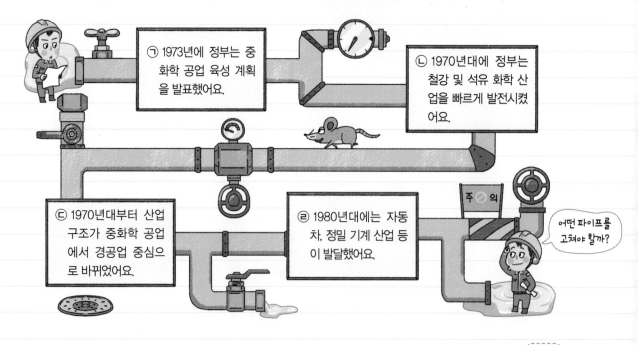

㉠ 1973년에 정부는 중화학 공업 육성 계획을 발표했어요.

㉡ 1970년대에 정부는 철강 및 석유 화학 산업을 빠르게 발전시켰어요.

㉢ 1970년대부터 산업 구조가 중화학 공업에서 경공업 중심으로 바뀌었어요.

㉣ 1980년대에는 자동차, 정밀 기계 산업 등이 발달했어요.

어떤 파이프를 고쳐야 할까?

3 로봇을 움직이려면 암호가 필요해요. 암호는 ○○과 △△ 안에 들어갈 알맞은 글자를 순서대로 나열한 것이래요. 빈칸에 암호를 쓰세요.

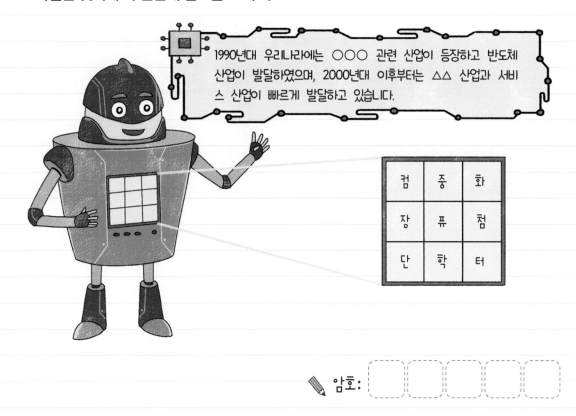

1990년대 우리나라에는 ○○○ 관련 산업이 등장하고 반도체 산업이 발달하였으며, 2000년대 이후부터는 △△ 산업과 서비스 산업이 빠르게 발달하고 있습니다.

컴	중	화
장	퓨	첨
단	학	터

✏️ 암호: ☐ ☐ ☐ ☐ ☐

4 승우는 여러 가지 산업이 적혀 있는 조개껍데기를 산업 발달 순으로 꿰어 팔찌를 만들고 있어요. 승우가 꿸 조개껍데기의 순서에 맞게 번호를 쓰세요.

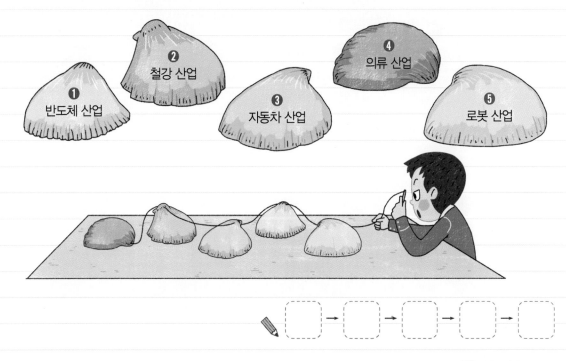

❶ 반도체 산업
❷ 철강 산업
❸ 자동차 산업
❹ 의류 산업
❺ 로봇 산업

✏️ ☐ → ☐ → ☐ → ☐ → ☐

남북통일, 왜 필요해?
남북 분단의 어려움 해소를 위해

남북 분단으로 겪는 어려움

우리나라는 광복 이후 남과 북에 서로 다른 정부가 수립되었고, 6·25 전쟁을 겪으면서 남한과 북한으로 분단된 상태예요. 이러한 분단으로 남한과 북한 사람들은 다음과 같은 여러 가지 어려움을 겪고 있어요.

남북 분단으로 겪는 어려움

전쟁에 대한 공포

전쟁이 일어날까 봐 무서워.

이산가족의 아픔

북에 계신 어머니를 만나러 갈 수가 없어서 너무 슬퍼.

국방비 과다로 인한 경제적 손실

국방비로 쓰이는 비용이 너무 많아.

남북 간의 언어와 문화 차이

한복 입었구나?

조선옷 입었구나? 그런데 왜 서로 말이 다르지?

남북통일의 필요성과 경제적 이점

☆ 남북통일이 이루어지면 남북 분단으로 인한 어려움이 해소되고
경제적으로도 많은 이점을 얻을 수 있어요.

국방비가 줄어서 남는 비용은
국민들의 삶의 질을 높이는
곳에 사용할 수 있어.

국방비 절감 국방비가 줄어 국민들의 삶의 질을 높이는 곳에 사용할 수 있어요.

남한의 국방비	북한의 국방비	통일 한국의 국방비	남는 비용

북한의 풍부한 자원 활용 북한의 자원과 남한의 기술력을 이용하여 경쟁력 있는 제품을 만들 수 있어요.

북한에 매장되어 있는 지하자원의
잠재적 가치는 매우 커서 그것을
이용한다면 통일 한국은 매우 큰
경쟁력을 가지게 될 거야.

북한의 철광석	남한의 기술력	값싸고 질 좋은 철강 제품

철도를 이용한 외국과의 교류 육로로 유럽이나 아시아의 다른 나라와 쉽고 빠르게 더 많은 교류를 할
수 있어요.

0   1,000km

이외에도 통일을 하면 전 국토를 효율적으로
이용할 수 있고, 대륙과 해양을 잇는 한반도의
이점은 누릴 수 있기 때문에 통일을 꼭
이루어야 해.

남북통일을 위한 노력은?
정부와 민간단체에서 다양하게

☆ 남북한은 통일을 위해 정부와 민간단체를 중심으로 정치, 경제, 사회·문화 분야에서 교류하고 협력하려는 다양한 노력을 기울여 왔어요. 앞으로도 남북한이 서로에 대한 믿음을 바탕으로 뜻을 같이하는 기회를 늘린다면 남북통일은 평화롭게 진행될 수 있을 거예요.

정치적 노력

남북 기본 합의서 채택(1991년)
남북 화해, 교류, 협력 등의 내용을 담고 있음.

남북 정상 회담 개최(2018년)
남북 정상이 만나 한반도의 평화를 위해 노력하기로 뜻을 모았음.

경제적 노력

개성 공단 가동(2005년)
남한의 자본과 기술력에 북한의 노동력을 결합하여 활발하게 운영되었던 적이 있음.

경의선·동해선 연결, 현대화 착공식(2018년)
끊어진 도로와 철도를 연결하고 시설을 개선해 교류와 협력을 확대하고자 노력하고 있음.

남측예술단 평양공연

남북한 평창 동계 올림픽 선수단 공동 입장(2018년)
남북한의 스포츠 팀이 하나가 되어 국제 대회에 출전했음.

남북 예술단 합동 공연(2018년)
남북한 예술단이 강릉, 서울, 평양에서 공연을 하며 한반도의 평화를 기원했음.

통일을 위해 남과 북은 많은 노력을 해 오고 있구나~.

지구촌 평화에 기여하는 통일 한국의 모습

우리나라가 평화적으로 남북통일이 되면, 남과 북에서 살던 사람들이 함께 어울려 살게 되는 등 생활 모습이 여러 방면에서 변하게 될 거예요. 다음은 통일 한국의 모습을 예측해 본 것이에요.

- 위험 요소가 해소돼서 전쟁에 대한 두려움도 사라질 것입니다.
- 중국, 러시아를 지나 유럽의 여러 나라까지도 육로로 갈 수 있습니다.
- 주변 국가 사람들도 더욱 평화롭게 살 수 있을 것입니다.
- 북한 지역의 풍부한 지하자원을 사용할 수 있을 것입니다.
- 전통문화를 체계적으로 관리하고 계승할 수 있을 것입니다.
- 동북아시아의 평화와 발전을 이끄는 국가가 될 것입니다.

재미있는 개념 퀴즈!

1 민수네 가족은 도라산역으로 나들이를 나왔어요. 도라산역을 둘러보며 남북 분단으로 겪는 어려움에 대해 이야기하게 되었는데, 바르게 설명한 사람만 의자에 앉기로 했어요. 의자에 앉을 수 있는 사람은 누구인지 모두 찾아 쓰세요.

✏️ [   ] , [   ]

2 다음 ㉠과 ㉡에 들어가야 할 말이 암호로 적혀 있어요. 암호 풀이표를 보고 암호를 풀어 ㉠과 ㉡에 들어갈 알맞은 말을 쓰세요.

남북통일의 필요성

남북이 통일된다면 남북 분단으로 인한 어려움이 해소되고 ㉠ (αφα ζοθ ζω) 절감, 북한의 풍부한 자원 활용, ㉡ (κρδ γτ)를 이용한 외국과의 교류 등 경제적으로도 많은 이점이 있어요.

암호 풀이표

α	β	γ	δ	ε	ζ	η	θ	ι	κ	λ	μ	ν	ξ
ㄱ	ㄴ	ㄷ	ㄹ	ㅁ	ㅂ	ㅅ	ㅇ	ㅈ	ㅊ	ㅋ	ㅌ	ㅍ	ㅎ
ο	π	ρ	σ	τ	υ	φ	χ	ψ	ω				
ㅏ	ㅑ	ㅓ	ㅕ	ㅗ	ㅛ	ㅜ	ㅠ	ㅡ	ㅣ				

✏️ ㉠: [   ] , ㉡: [   ]

3 통일이 되어 남과 북을 버스로 오갈 수 있게 되었어요. 남과 북을 오갈 수 있는 버스는 통일의 노력에 대해 바르게 설명하고 있어요. 남과 북을 오갈 수 있는 버스를 모두 찾아 번호를 쓰세요.

✏️ ☐ , ☐ , ☐ , ☐ 번 버스

민주주의의 발전과 시민 참여

오늘날 우리나라의 정치·경제 발전

• 우리나라 민주주의의 발전 과정 •

4·19 혁명	이승만 정부의 독재와 3·15 ❶ _____ → 시민들과 학생들의 시위 → 재선거를 통한 새로운 정부 수립
❷ _____ 운동	전두환 중심의 군인들이 정변을 일으킴. → 전라남도 광주에서 대규모 민주화 시위가 일어남.
6월 민주 항쟁	전두환 정부의 독재 정치 → 학생들과 시민들이 대통령 ❸ _____ 를 요구하며 시위를 벌임. → 6·29 민주화 선언
6월 민주 항쟁 이후	대통령 직선제, 지방 자치제, 주민 소환제 등 실시

▲ 4·19 혁명 → ▲ 5·18 민주화 운동 →

▲ 6월 민주 항쟁 → ▲ 대통령 직선제

• 오늘날 시민들이 사회 공동의 문제 해결에 참여하는 모습 •

- 캠페인　　　　　　　　· 서명 운동
- 공청회 참석　　　　　　· 1인 시위
- 선거나 ❹ _____ 에 참여
- 정당이나 시민 단체 활동
- 촛불 집회와 같은 대규모 집회
- 누리 소통망 서비스(SNS)에 의견 올리기

✏️ **개념 확인 체크! 체크!**

☐ 우리나라 민주주의의 발전 과정을 이야기
　할 수 있어요.　　　　　　· 118~126쪽

☐ 오늘날 시민들이 사회 공동의 문제 해결
　에 참여하는 모습을 이야기할 수 있어요.
　　　　　　　　　　　　　· 127쪽

☐ 우리나라의 시대별 경제 성장 모습을 이
　야기할 수 있어요.　　　· 130~135쪽

☐ 남북통일 문제와 이를 위한 다양한 노력
　을 이야기할 수 있어요.　· 138~141쪽

우리나라의 경제 성장 — 남북 분단 문제와 남북통일을 위한 노력

• 우리나라의 경제 성장 과정 •

6 · 25 전쟁 직후	식료품 공업, 섬유 공업 등의 소비재 산업 발달
1960년대	섬유, 신발, 가발, 의류, 합판 산업 등 ⑤ _____ 발달
1970년대	철강, 석유 화학, ⑥ _____ 산업 등 중화학 공업 발달
1980년대	자동차, 기계, 전자 산업 등 중화학 공업 발달
1990년대	반도체 산업이 발달했고, 1990년대 후반부터 전국에 초고속 정보 통신망을 만들었음.
2000년대 이후	• 생명 공학, 우주 항공, 신소재, 로봇 산업 등 ⑦ _____ 산업 발달 • 문화 콘텐츠, 의료 서비스, 관광 산업 등 서비스 산업 발달

▲ 의류 생산

▲ 조선 산업

▲ 반도체 산업

▲ 로봇 산업

• 남북 분단 문제 •

남북 분단으로 겪는 어려움	전쟁에 대한 공포, ⑧ _____ 의 아픔, 국방비 과다로 인한 경제적 손실, 남북 간의 언어와 문화 차이 등
남북통일이 되면 얻을 수 있는 경제적 이득	⑨ _____ 절감, 북한의 풍부한 자원 활용, 철도를 이용한 외국과의 교류 확대 등

• 남북통일을 위한 다양한 노력 •

정치	남북 기본 합의서 채택(1991년), 남북 정상 회담(2000, 2007, 2018년) 등
경제	⑩ _____ 가동, 경의선·동해선 연결 착공식 등
사회·문화	남북한 평창 동계 올림픽 선수단 공동 입장(2018년), 남북 예술단 합동 공연 등

▲ 남북 정상 회담(2018년)

▲ 남북한 평창 동계 올림픽 선수단 공동 입장(2018년)

• 통일 한국의 모습 예측하기 •

• 위험 요소가 해소돼서 전쟁에 대한 두려움도 사라질 것임.
• 중국, 러시아를 지나 유럽의 여러 나라까지도 육로로 갈 수 있을 것임.
• 주변 국가 사람들도 더욱 평화롭게 살 수 있을 것임.
• 북한 지역의 풍부한 지하자원을 사용할 수 있을 것임.
• 전통문화를 체계적으로 관리하고 계승할 수 있을 것임.
• 동북아시아의 평화와 발전을 이끄는 국가가 될 것임.

1~3 다음은 우리나라 민주주의의 발전 과정에서 일어난 사건들입니다. 물음에 답하시오.

(가)　▲ 6월 민주 항쟁　　(나)　▲ 5·18 민주화 운동　　(다)　▲ 4·19 혁명

1 위 (가)~(다)의 사건들이 일어난 순서대로 기호를 쓰시오.

(　　→　　→　　)

2 위 (가)~(다)의 사건이 일어난 배경을 각각 쓰시오.

3 위 (가)~(다) 사건의 공통점을 두 가지 쓰시오.

(가) ▲ 로봇 산업

(나) ▲ 의류 산업

(다) ▲ 반도체 산업

(라) ▲ 농업

(마) ▲ 자동차 산업

(바) ▲ 석유 화학 산업

4 위의 (가)~(바)를 우리나라 시기별 경제 성장 모습에 맞게 순서대로 기호를 쓰시오.

(→   →   →   →   →   )

5 위 (가)~(바)에서 경공업과 중화학 공업에 해당하는 것을 모두 골라 각각 기호를 쓰시오.

(1) 경공업

(2) 중화학 공업

6 다음 자료를 통해 알 수 있는 남북통일이 필요한 까닭을 쓰시오.

북한의
철광석

＋

남한의
기술력

＝

값싸고 질 좋은
철강 제품

우리나라 경제의 최대 위기, IMF 구제 금융 사태

 언니, 어제 텔레비전을 보니까 우리 할아버지, 할머니가 어렸을 때는 먹을 것이 부족해서 다른 나라에서 밀가루나 우유 가루를 얻어 왔었대.

 그래. 그런데 그 이후 우리나라 경제는 개인과 기업, 정부가 모두가 함께 노력한 결과, 놀라운 속도로 성장했어. 그리고 지금은 세계 무역 대국이 되었지.

 하지만 우리나라 경제가 꾸준히 성장하기만 한 건 아니라고 하더라.

 응. 우리 경제는 1997년 말에 외환 위기라는 큰 어려움을 겪었어.

 외환 위기? 그게 뭐야?

 외환 위기는 나라에 외환(달러)이 없어서 다른 나라에서 빌려 온 돈을 제때에 갚지 못해 찾아온 위기를 말해. 기업은 외국에서 돈을 빌려 무리하게 사업을 늘렸고, 정부는 잘못된 정책으로 경제를 이끌어 결국 위기가 찾아온 거지.

 그럼, 우리는 이 위기를 극복하기 위해 어떤 일을 했어?

중학교에서 배워!

 우리나라는 이 **외환 위기를 극복하기 위해 °국제 통화 기금(IMF)이라는 곳에서 구제 금융을 지원받았어.** 또, 정부가 부실 기업과 금융 기관을 구조 조정하고 민간에서 금 모으기 운동 등을 벌인 결과 2001년 국제 통화 기금의 지원금을 모두 갚았어. 이렇게 우리나라의 경제 위기를 극복했지.

°국제 통화 기금(IMF): 전 세계 나라의 경제 성장을 지원하고 외화가 부족할 때 외화를 빌려 주는 기관.

부록1

용어
찾아보기

● 각 단원에 나오는 용어를 익히고 용어 퀴즈를 풀어 보세요.

1. 옛사람들의 삶과 문화

|18쪽| 청동기 시대
구리와 주석을 섞어 만든 그릇과 도구를 사용하던 시대.

|20쪽| 전성기(全 온전할 전, 盛 성할 성, 期 기간 기)
어느 집단의 힘이 가장 강하던 시기.

|21쪽| 요동과 요서
중국의 랴오허강(요하)을 기준으로 하여 동쪽 지역을 요동, 서쪽 지역을 요서라고 함.

|22쪽| 가야 연맹
1세기~6세기 경상도와 전라도 일부 지역을 차지했던 연맹 국가.

|27쪽| 유민(遺 잃을 유, 民 백성 민)
망해 없어진 나라의 백성.

|31쪽| 미륵사지
미륵사가 있던 자리라는 뜻으로, '지'라는 말은 원래 있던 건물은 없어지고 터만 남아 있다는 의미임.

|32쪽| 첨성대(瞻 볼 첨, 星 별 성, 臺 대 대)
신라 시대에 만들어진 하늘의 별자리, 해와 달의 모습 등을 관찰하는 시설.

|38쪽| 호족(豪 뛰어날 호, 族 무리 족)
신라 말~고려 초에 활동한 지방 세력. 군사력과 경제력을 바탕으로 각 지방을 다스렸음.

|43쪽| 삼별초
원래 최씨 무신 정권의 사병이었는데, 몽골의 침략에 대항하는 군대로 편성되어 마지막까지 몽골과 싸웠음.

|45쪽| 대장경(大 클 대, 藏 감출 장, 經 글 경)
불교 경전을 모두 모아 놓은 것.

|50쪽| 신진 사대부
고려 말에 등장한 새로운 정치 세력으로 성리학을 공부하고 과거 시험으로 관리가 된 사람들.

|51쪽| 유교(儒 선비 유, 敎 가르칠 교)
공자의 가르침을 따르며 나라에 충성하고 부모에게 효도하는 것을 중요시하는 학문.

|54쪽| 『경국대전』
나라를 다스리는 가장 기본적인 법전으로 세조에서 성종 대에 걸쳐 완성되었음.

|56쪽| 중립 외교(中 가운데 중, 立 설 립, 外 외국 외, 交 사귈 교)
한 나라에 치우치지 않고 각 나라에 같은 중요도를 두는 외교.

용어 퀴즈 다음에서 설명하는 용어를 골라 바르게 줄로 이으세요.

(1) 세조에서 성종 대에 걸쳐 완성된 조선의 가장 기본적인 법전.

(2) 신라 말~고려 초에 각 지방을 다스렸던 세력.

(3) 구리와 주석을 섞어 만든 그릇과 도구를 사용하던 시대.

㉠ 호족

㉡ 경국대전

㉢ 청동기 시대

정답 | (1) - ㉡ (2) - ㉠ (3) - ㉢

2. 사회의 새로운 변화와 오늘날의 우리

| 70쪽 | **붕당**(朋 벗 붕, 黨 무리 당)
학문이나 정치적으로 생각을 같이하는 사람들의 정치 집단.

| 70쪽 | **탕평책**(蕩 넓고 클 탕, 平 평평할 평, 策 꾀 책)
붕당과 상관없이 나랏일을 할 인재를 골고루 뽑는 정책.

| 74쪽 | **서민 문화**
양반뿐만 아니라 일반 백성들도 참여할 수 있는 문화.

| 78쪽 | **세도 정치**(勢 권세 세, 道 이끌 도, 政 정치 정, 治 다스릴 치)
왕실과 혼인 관계를 맺은 가문들이 국정을 독점하는 정치.

| 79쪽 | **통상 수교 거부 정책**
다른 나라와 무역 등의 교류를 하지 않는 정책.

| 80쪽 | **개화**(開 열 개, 化 될 화)
다른 나라의 더 발전된 문화와 제도를 받아들여 과거의 생각, 문화와 제도 등을 발전시켜 나가는 것.

| 82쪽 | **동학**(東 동쪽 동, 學 배울 학)
최제우가 민간 신앙과 유교, 불교, 천주교의 장점을 모아 만든 종교. 서학(서양의 학문)에 반대하여 동학으로 이름 지어짐.

| 86쪽 | **일제**(日 해 일, 帝 임금 제)
'일본 제국주의' 또는 '일본 제국'을 줄인 말. 자기 나라의 이익을 위해 여러 나라를 침략한 일본을 일컫는 말.

| 88쪽 | **늑약**(勒 강제할 륵, 約 맺을 약)
나라 사이에 강제로 맺은 조약.

| 96쪽 | **신사**(神 신 신, 社 제사 지낼 사)
일본 왕실의 조상이나 국가에 큰 공로를 세운 사람 등을 신으로 모신 사당.

| 100쪽 | **광복**(光 빛 광, 復 회복할 복)
다른 나라에 뺏긴 땅과 주권을 도로 찾음.

| 101쪽 | **신탁 통치**(信 믿을 신, 託 맡길 탁, 統 거느릴 통, 治 다스릴 치)
특정 국가가 다른 나라의 일정 지역을 대신 통치하는 제도. 우리나라의 경우 한반도의 임시 정부 수립을 돕고자 미국, 소련, 영국, 중국이 신탁 통치를 하려고 했었음.

| 103쪽 | **제헌 국회**(制 지을 제, 憲 법 헌, 國 나라 국, 會 모일 회)
헌정 사상 최초로 구성된 의회로서, 헌법을 제정했기 때문에 제헌 국회라 함.

| 105쪽 | **피란**(避 피할 피, 亂 어지러울 란)
전쟁을 피해 안전한 곳으로 옮겨 가는 것.

3. 오늘날 우리나라의 정치·경제 발전

용어 퀴즈 다음에서 설명하는 용어를 골라 바르게 줄로 이으세요.

(1) 대통령을 국민이 직접 선거로 뽑는 방식.

(2) 식료품, 섬유, 종이 등 비교적 가벼운 물건을 만드는 산업.

(3) 남북 분단으로 이리저리 흩어져서 서로 소식을 모르는 가족.

㉠ 경공업

㉡ 이산가족

㉢ 대통령 직선제

정답 | (1) - ㉢ (2) - ㉠ (3) - ㉡

단원 평가

● 각 단원에 나오는 중요 문제를 풀어 보세요.

1 다음 법 조항을 통해 알 수 있는 고조선 사회의 특징으로 알맞지 <u>않은</u> 것은 어느 것입니까? (   )

> • 사람을 죽인 사람은 사형에 처한다.
> • 남에게 상해를 입힌 사람은 곡식으로 갚는다.
> • 남의 물건을 훔친 사람은 데려다 노비로 삼으며, 죄를 면하려면 50만 전을 내야 한다.

① 신분 제도가 있었다.
② 화폐의 개념이 있었다.
③ 개인의 재산을 인정했다.
④ 큰 죄는 법으로 엄격하게 다스렸다.
⑤ 곰 부족과 환웅 부족이 연합하여 고조선을 건국했다.

서술형

2 다음 지도와 같은 영토를 차지했던 신라의 왕이 한 일을 <u>두 가지</u> 이상 쓰시오.

▲ 신라의 전성기(6세기)

_____

_____

3 다음은 신라의 삼국 통일 과정에서 있었던 일들입니다. 순서대로 바르게 기호를 쓰시오.

> ㉠ 백제 멸망
> ㉡ 고구려 멸망
> ㉢ 신라와 당의 동맹 체결
> ㉣ 신라와 당의 전쟁에서 신라의 승리

(→   →   →   )

4 발해에 대한 설명으로 바르지 <u>않은</u> 것은 어느 것입니까? (   )

① 불교문화가 발달했다.
② 대조영이 동모산 지역에 세웠다.
③ 고구려의 옛 땅을 대부분 되찾았다.
④ 당으로부터 '해동성국'이라고 불렸다.
⑤ 스스로 백제를 계승한 나라임을 내세웠다.

5 지은이는 고구려의 문화유산에 대한 탐구 활동을 하려고 합니다. 지은이가 조사해야 할 문화유산으로 알맞은 것을 <u>두 가지</u> 고르시오. (,   )

①
▲ 금동 대향로

②
▲ 무령왕 금제 관식

③
▲ 금동 연가 7년명 여래 입상

④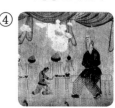
▲ 무용총 접객도

6 다음 보기 에서 신라가 불교를 정치에 적극적으로 이용한 까닭으로 알맞은 것을 모두 골라 기호를 쓰시오.

> **보기**
> ㉠ 왕의 권위를 세우기 위해
> ㉡ 백성들의 힘을 하나로 모으기 위해
> ㉢ 다른 나라와 활발하게 교류하기 위해
> ㉣ 신분 제도를 없애고 모든 사람들을 평등하게 대우하기 위해

( )

7 다음 빈칸에 공통으로 들어갈 유적지는 어디입니까? ( )

> • 한결: 주말에 경주에 갔다가 ( )에 다녀왔어.
> • 동표: ( )은/는 어떤 곳인데?
> • 한결: 화강암을 쌓아 올려 동굴처럼 만든 신라의 절이야. 이곳의 천장은 여러 방향에서 돌을 아치형으로 쌓아 올린 후 정상에 크고 둥근 돌을 한 장 얹어 돔형으로 완성했어.

① 불국사 ② 석굴암 ③ 황룡사
④ 미륵사 ⑤ 분황사

8 고려를 세운 태조 왕건이 추진한 정책으로 알맞지 <u>않은</u> 것은 어느 것입니까? ( )

① 절을 많이 짓고 불교를 장려했다.
② 북쪽으로 점차 영토를 넓혀 나갔다.
③ 정치를 안정시키려고 호족들을 모두 제거했다.
④ 거란이 발해를 멸망시키자 발해 유민을 받아들였다.
⑤ 세금을 줄이고 가난한 사람들이 굶주리지 않도록 힘썼다.

9 다음은 거란의 1차 침입 당시 서희와 소손녕의 담판을 나타낸 것입니다. 담판의 결과로 알맞은 것은 어느 것입니까? ( )

① 몽골의 침입을 받게 되었다.
② 거란과 군신 관계를 맺게 되었다.
③ 고려가 세 나라로 분열하게 되었다.
④ 거란의 침입을 다시는 받지 않게 되었다.
⑤ 압록강 동쪽의 강동 6주를 차지하게 되었다.

10 고려가 몽골의 1차 침입 이후 도읍을 옮긴 ㉠ 섬은 어디입니까? ( )

① 진도 ② 독도
③ 거제도 ④ 강화도
⑤ 제주도

11 다음과 같은 고려의 문화유산에 대한 설명으로 바르지 <u>않은</u> 것은 어느 것입니까?
( )

▲ 청자 상감 운학무늬 매병   ▲ 청자 칠보 투각 향로

① 고려 시대를 대표하는 예술품이다.
② 주전자, 의자, 향로 등 다양한 용도로 쓰였다.
③ 상감 기법이라는 고려만의 독창적인 기술이 적용되기도 했다.
④ 만들려면 가마를 만드는 기술, 불을 다루는 기술이 발달해야 했다.
⑤ 주로 일반 백성이 사용하던 물건으로 당시의 서민 문화를 엿볼 수 있다.

서술형
12 고려에서 다음 문화유산을 만든 목적을 쓰시오.

▲ 합천 해인사 대장경판

_____

_____

13 다음에서 설명하는 책은 무엇인지 쓰시오.

1377년에 청주 흥덕사에서 인쇄된 책으로, 오늘날 전해지는 금속 활자 인쇄본 중 가장 오래된 것입니다.

( )

14 다음은 조선의 건국 과정에 있었던 일들입니다. 세 번째로 일어난 일은 어느 것입니까?
( )

① 이성계가 위화도 회군으로 권력을 잡았다.
② 이성계의 아들인 이방원이 정몽주를 죽였다.
③ 이성계를 중심으로 한 세력이 조선을 건국했다.
④ 신진 사대부가 고려 개혁파와 조선 개국파로 나뉘었다.
⑤ 신진 사대부가 신흥 무인 세력과 손잡고 고려 사회의 문제를 해결하고자 했다.

15 다음 빈칸에 공통으로 들어갈 알맞은 사상을 쓰시오.

조선은 ( ) 정치 이념을 내세우며 세운 나라로서 백성을 나라의 근본으로 삼았습니다. 이런 생각을 담아 궁궐과 도성의 사대문을 각각 ( )에서 강조하는 덕목으로 이름 붙였습니다.

( )

[16~17] 다음은 조선 시대의 과학 기구들입니다. 물음에 답하시오.

ㄱ

▲ 측우기

ㄴ

▲ 혼천의

ㄷ

▲ 앙부일구

ㄹ

▲ 자격루

16 위 과학 기구들 중 시각을 알려 주는 것을 모두 골라 기호를 쓰시오.

(   )

17 위 과학 기구가 제작될 당시 조선의 왕이 한 일로 알맞지 <u>않은</u> 것은 어느 것입니까?

(   )

① 집현전을 설치했다.
② 훈민정음을 창제했다.
③ 수도를 개경에서 한양으로 옮겼다.
④ 장수들을 시켜 4군 6진을 개척하게 했다.
⑤ 왜구를 물리치려고 쓰시마섬을 정벌하게 했다.

18 조선 시대에 다음과 같은 생활을 한 신분은 무엇입니까?

(   )

> 궁궐에서 그림을 그리거나 외국 사신을 맞이하며 통역을 담당하기도 했습니다.

① 왕   ② 양반   ③ 중인
④ 상민   ⑤ 천민

서술형

19 임진왜란 당시 지도에 나타난 전투를 승리로 이끈 조선의 장군을 쓰고, 이 전투의 승리가 전쟁에 끼친 영향을 한 가지만 쓰시오.

(1) 장군: (   )

(2) 전쟁에 끼친 영향: _____

_____

_____

20 다음과 같은 과정으로 전개된 사건은 무엇입니까?

(   )

> 후금이 청으로 이름을 고치고 '임금과 신하의 관계'를 요구했음.
>
> ⬇
>
> 조선에서는 청과 싸우자는 의견과 외교적 노력으로 문제를 해결하자는 의견이 대립했음.
>
> ⬇
>
> 조선이 청의 요구를 거절하자 청이 다시 침입했음.
>
> ⬇
>
> 인조가 남한산성으로 피신해 청과 맞서 싸웠음.
>
> ⬇
>
> 인조가 남한산성에서 나와 삼전도에서 청 태종에게 항복했음.

① 임진왜란   ② 정유재란
③ 정묘호란   ④ 병자호란
⑤ 귀주 대첩

학년   반

이름

1 다음은 고조선의 건국 이야기입니다. ㉠~㉢을 통해 알 수 있는 점을 각각 쓰시오.

> 옛날에 환인의 아들인 ㉠환웅이 바람, 비, 구름을 다스리는 신하와 무리 삼천 명을 이끌고 내려와 세상을 다스렸다. ㉡어느 날 곰과 호랑이가 환웅을 찾아와 사람이 되게 해 달라고 빌었다. 환웅은 쑥과 마늘을 주면서 이것을 먹으며 100일 동안 햇빛을 보지 않으면 사람이 될 것이라고 했다. 호랑이는 이를 지키지 못했으나 곰은 환웅이 말한 것을 잘 지켜 여자로 변해 웅녀가 되었다. ㉢웅녀는 환웅과 결혼해 아들 단군왕검을 낳았다. 단군왕검은 아사달로 도읍을 옮겨 고조선을 건국했다.   -『삼국유사』

㉠: _____

㉡: _____

_____

㉢: _____

2 삼국 시대 각 왕들과 업적을 바르게 연결한 것은 어느 것입니까?   (   )

① 광개토 대왕 – 광개토 대왕릉비를 세웠다.

② 근초고왕 – 서쪽으로 요동 지역을 차지했다.

③ 진흥왕 – 영토를 확장하고 백제의 전성기를 이룩했다.

④ 법흥왕 – 백제와 전쟁을 벌여 한강 유역을 차지했다.

⑤ 장수왕 – 평양 지역으로 수도를 옮기고 남쪽으로 영역을 확장했다.

3 삼국과 다른 나라들의 활발한 교류에 대해 조사를 하려고 할 때 조사 대상으로 알맞지 않은 것은 어느 것입니까?   (   )

① 발해 기와의 연꽃무늬

② 일본의 다카마쓰 고분 벽화

③ 고구려 무용총에 그려진 거문고

④ 일본의 목조 미륵보살 반가 사유상

⑤ 경주 황남대총에서 나온 유리 제품들

4 다음 빈칸에 들어갈 알맞은 말을 쓰시오.

> 발해는 군사, 문화적 힘이 강력한 나라로 발전해 고구려의 옛 땅을 대부분 되찾았습니다. 이에 당은 바다 동쪽에서 기운차게 일어나 번성하는 나라라는 뜻에서 발해를 (   )(이)라고 불렀습니다.

(   )

5 다음은 수민이가 공주시와 부여군을 답사하며 인상 깊게 본 유적지입니다. 이 유적지들과 관련된 나라는 어디입니까?

(   )

▲ 공주 공산성   ▲ 부여 정림사지

① 백제   ② 신라   ③ 고려

④ 고조선   ⑤ 고구려

6 가야에 대한 설명으로 바르지 <u>않은</u> 것은 어느 것입니까? ( )

① 질 좋은 철이 많이 생산되었다.
② 철을 이용해 다른 나라와 활발히 교역했다.
③ 문화와 관련된 역사 기록이 많이 남아 있다.
④ 당시 가야의 악기였던 가야금이 현재까지 전해진다.
⑤ 철을 이용해 다른 나라보다 우수한 칼과 창, 갑옷 등을 만들어 냈다.

7 불국사를 답사할 때 볼 수 있는 유적으로 알맞지 <u>않은</u> 것은 어느 것입니까? ( )

①
▲ 석가탑

②
▲ 연화교와 칠보교

③
▲ 청운교와 백운교

④
▲ 첨성대

8 다음은 고려의 후삼국 통일 과정에 있었던 사건들입니다. 순서대로 기호를 쓰시오.

> ㉠ 왕건이 고려를 세웠다.
> ㉡ 왕건이 궁예의 신하가 되었다.
> ㉢ 신라가 스스로 고려에 항복했다.
> ㉣ 고려가 후백제를 물리쳐 후삼국을 통일했다.

(→ → →)

9 다음 사료와 관련된 사건은 무엇인지 쓰시오.

> 거란군이 귀주를 통과하자 강감찬 등이 동쪽 교외에서 맞아 싸우니, 양쪽 군사들이 서로 대치하며 승패를 결정짓지 못했다. 김종현이 군사를 인솔해 그곳에 이르니, 갑자기 비바람이 남쪽에서 불어와서 깃발이 북쪽을 가리켰다. 아군(고려군)이 그 기세를 타고 용기백배해 격렬히 공격하니, 거란 군사들이 북으로 도망치기 시작했다. …… 살아서 돌아간 사람이 겨우 수천 명이었으니, 거란이 이토록 심하게 패배한 적은 없었다.　　　　　　　－「고려사」

( )

10 다음은 '몽골의 고려 침략'이라는 연극의 장면들입니다. ㈎에 들어갈 수 있는 장면은 어느 것입니까? ( )

> • 장면 1: 고려에 온 몽골 사신이 죽는 모습
> • 장면 2: 몽골이 고려에 침입하는 모습
> • 장면 3: 고려가 도읍을 개경에서 강화도로 옮기는 모습
> • 장면 4: 고려의 왕과 일부 신하가 강화도에서 개경으로 돌아오는 모습
> • 장면 5: _____㈎_____

① 팔만대장경판을 만드는 모습
② 강화도가 몽골에 함락되는 모습
③ 칭기즈 칸이 몽골 부족을 통일하는 모습
④ 처인성에서 김윤후와 백성들이 몽골군을 물리치는 모습
⑤ 삼별초가 근거지를 진도와 탐라로 옮겨 가며 고려 조정과 몽골에 저항하는 모습

서술형

11 다음은 고려 시대를 대표하는 예술품입니다. 이러한 문화유산을 통해 짐작할 수 있는 고려 귀족들의 생활 모습을 쓰시오.

▲ 청자 기와

▲ 청자 찻잔

▲ 청자 상감 모란문 표주박모양 주전자

▲ 청자 투각 고리문 의자

_____

_____

_____

12 다음 문화유산에 대한 설명으로 바르지 않은 것은 어느 것입니까? ( )

▲ 팔만대장경판

① 세계 기록 유산으로 등재되어 있다.
② 글자가 고르고 틀린 글자도 거의 없다.
③ 현재 프랑스 국립 도서관에 보관되어 있다.
④ 십여 년간 목판 8만여 장에 불경을 새긴 것이다.
⑤ 부처의 힘에 의지해 몽골의 침입을 이겨 내고자 만들었다.

13 다음 보기 에서 금속 활자의 특징으로 알맞은 것을 모두 골라 기호를 쓰시오.

보기
㉠ 쉽게 마모되지 않고 보관이 쉬웠다.
㉡ 여러 종류의 책을 만드는 데 효율적이었다.
㉢ 중간에 글자가 틀리면 처음부터 다시 새겨야 했다.
㉣ 갈라지거나 휘어지는 나무의 성질 때문에 보관이 어려웠다.

( )

14 고려 말의 상황으로 알맞지 않은 것은 어느 것입니까? ( )

① 홍건적과 왜구 등 외적의 침입이 잦았다.
② 권문세족의 횡포로 나라가 혼란스러웠다.
③ 이성계가 위화도 회군으로 권력을 잡았다.
④ 신진 사대부가 고려 개혁파와 조선 개국파로 나누어졌다.
⑤ 권문세족의 일부가 신흥 무인 세력과 손잡고 고려 사회의 문제를 해결하고자 했다.

15 조선이 한양을 도읍으로 삼은 까닭을 바르게 설명한 어린이를 모두 골라 이름을 쓰시오.

• 민규: 고려 시대부터 국제적인 무역 항구였기 때문이야.
• 정모: 농사짓고 생활하기에 유리한 조건이었기 때문이야.
• 진혁: 한강을 거쳐 물자를 옮기기 좋은 조건이었기 때문이야.

( )

16 다음과 같은 변화를 가져온 세종의 업적은 무엇입니까? 　　(　　)

> • 백성들이 자신의 생각을 우리글로 표현할 수 있게 되었습니다.
> • 나라에서 백성에게 알려야 하는 내용을 쉽게 전달할 수 있게 되었습니다.

① 4군 6진 개척
② 훈민정음 창제
③ 쓰시마섬 정벌
④ 『농사직설』 간행
⑤ 집현전 확대 개편

17 다음 내용과 관련된 조선 시대의 사회 모습으로 알맞지 <u>않은</u> 것은 어느 것입니까?
　　　　　　　　　　　　　　(　　)

> 신진 사대부들은 조선을 건국한 후 임금부터 백성들까지 모두 유교 질서에 따라 생활해야 한다고 생각했습니다.

① 왕은 백성을 위한 정치를 하려고 했다.
② 나라의 근본이 백성에게 있다고 생각했다.
③ 혼인, 장례, 제사 문화는 불교의 영향을 받았다.
④ 남자와 여자, 아이와 어른 사이의 예절을 지켜야 한다고 생각했다.
⑤ 백성들은 나라에 충성하고 부모와 어른을 공경해야 한다고 생각했다.

18 조선 시대 신분별 생활 모습을 바르게 연결한 것은 어느 것입니까? 　　(　　)

① 천민 – 관리가 되었다.
② 상민 – 대부분 농사를 지었다.
③ 양반 – 궁궐에서 그림을 그렸다.
④ 중인 – 따로 살면서 주인집에 신공을 바쳤다.
⑤ 상민 – 양반의 집이나 관공서에서 허드렛일이나 물건을 만드는 일을 했다.

서술형
19 조선이 임진왜란을 극복할 수 있었던 까닭을 한 가지 쓰시오.

_____

_____

_____

20 다음 빈칸에 들어갈 알맞은 말을 쓰시오.

> 임진왜란이 끝난 후 광해군은 세력이 약해진 명과 새롭게 강대국으로 성장하는 후금 사이에서 신중한 (　　)을/를 펼치며 전쟁에 휘말리지 않으려고 했습니다.

(　　　　　　　　)

1 영조가 다음 비석과 관련된 정책을 추진한 까닭으로 알맞은 것을 <u>두 가지</u> 고르시오.
(,   )

두루 사귀면서 편을 가르지 않는 것이 군자의 공정한 마음이요, 편을 가르고 두루 사귀지 않는 것은 소인의 사사로운 마음이다.

① 왕권을 강화하기 위해
② 정치를 안정시키기 위해
③ 상업을 발달시키기 위해
④ 서양 세력의 침입을 막기 위해
⑤ 국가의 재정을 넉넉하게 하기 위해

2 다음 밑줄 친 '다양한 주장'으로 알맞지 <u>않은</u> 것은 어느 것입니까? (   )

임진왜란과 병자호란을 겪은 이후 백성의 생활이 더욱 어려워지는 상황에서 기존의 학문이 사회 문제를 해결할 방법을 제시하지 못하자 실학이 등장해 <u>다양한 주장</u>을 했습니다.

① "토지 제도를 바꾸자."
② "상업과 공업을 발달시키자."
③ "새로운 농사 기술을 보급하자."
④ "청의 문물을 받아들이는 것을 막자."
⑤ "우리의 역사, 지리, 언어, 자연 등을 연구하자."

3 다음에서 설명하는 서민 문화는 무엇입니까? (   )

탈을 쓰고 하는 연극이나 춤으로, 주로 명절에 사람들이 많이 모이는 곳에서 공연되었습니다. 백성의 생각이나 감정을 솔직하게 표현해서 인기가 많았습니다.

① 민화   ② 풍속화
③ 탈놀이   ④ 판소리
⑤ 한글 소설

서술형

4 병인양요와 신미양요 이후 흥선 대원군이 전국 각지에 다음 비석을 세운 까닭을 쓰시오.

외세가 침범했는데 싸우지 않는 것은 곧 나라를 팔아먹는 것이다.

_____

_____

5 다음 빈칸에 들어갈 알맞은 조약을 쓰시오.

흥선 대원군이 물러나고 조선의 개항을 바라는 나라 안의 요구가 높아지고 있는 상황에서 일본의 압박을 받게 되자 조선은 결국 (   )을/를 맺고 개항했습니다. 이 조약은 외국과 맺은 최초의 근대적 조약이지만 불평등한 조약이었습니다.

(   )

6 김옥균 등이 다음과 같은 개혁안을 내세우며 일으킨 사건은 무엇입니까? ( )

> • 청에 대한 조공 허례를 폐지한다.
> • 문벌을 폐지하고, 백성들이 평등한 권리를 갖는 제도를 마련하며, 능력에 따라 관리를 임명한다.
> • 세금 제도를 고쳐 관리의 부정을 막고 국가의 살림살이를 튼튼히 한다.
> • 부정한 관리를 처벌하고, 백성들이 빚진 쌀을 면제한다.

① 병인양요
② 신미양요
③ 임오군란
④ 갑신정변
⑤ 동학 농민 운동

7 다음은 동학 농민 운동이 진행되던 시기에 일어난 사건들입니다. ㈎, ㈏ 시기 사이에 있었던 일로 알맞은 것은 어느 것입니까?

( )

> ㈎ 조선은 동학 농민군을 진압하는 데 어려움을 겪자, 청에 도움을 요청했습니다.
> ㈏ 일본과 청이 조선에서 영향력을 넓히려고 청일 전쟁을 벌였습니다.

① 동학 농민군이 일본을 몰아내려고 다시 일어났다.
② 전봉준이 부하의 밀고로 관군에게 잡혀 처형을 당했다.
③ 전봉준이 고부 군수의 횡포를 막기 위해 군사를 일으켰다.
④ 동학 농민군이 공주 우금치에서 벌어진 전투에서 일본군과 관군에 크게 패했다.
⑤ 동학 농민군이 외국 군대의 개입을 막으려고 조선 정부로부터 개혁안을 약속받고 스스로 흩어졌다.

8 다음 보기 에서 독립 협회가 한 일로 알맞은 것을 모두 골라 기호를 쓰시오.

> **보기**
> ㉠ 독립문을 세웠다.
> ㉡ 을미사변을 일으켰다.
> ㉢ 만민 공동회를 열었다.
> ㉣ 대한 제국을 선포했다.

( )

9 다음 빈칸에 들어갈 알맞은 권리는 무엇입니까? ( )

> 러일 전쟁에서 일본이 승리한 후 일제의 특사로 대한 제국에 온 이토 히로부미는 궁궐을 포위한 상태에서 ( )을 빼앗는 을사늑약을 강제로 체결했습니다.

① 주권
② 외교권
③ 경찰권
④ 사법권
⑤ 군사권

10 다음과 같은 주장을 하며 이토 히로부미를 저격한 사람은 누구입니까? ( )

> 이토 히로부미를 가해한 까닭을 묻기에 나는 이렇게 대답했다.
> 1. 한국 명성 황후를 시해한 죄요.
> 2. 한국 황제를 폐위시킨 죄요.
> 3. 5조약과 7조약을 강제로 체결한 죄요.
> 4. 무고한 한국인들을 학살한 죄요.
> 5. 정권을 강제로 **빼앗은** 죄요.
> ⋮
> 14. 동양의 평화를 깨뜨린 죄요.

① 신돌석
② 최익현
③ 안중근
④ 민영환
⑤ 안창호

11 다음 그림에 나타난 일제의 식민지 경제 정책의 명칭을 쓰고, 이 정책이 우리 민족에게 끼친 영향을 한 가지 쓰시오.

대대로 농사짓던 땅인데, 어찌 농사를 짓지 못하게 하시오?

이 땅에서 나가시오. 조사 결과 이 땅은 당신 땅이 아닌 것으로 확인되었소.

(1) 정책: (   )

(2) 우리 민족에게 끼친 영향: _____

_____

_____

12 3·1 운동에 대한 설명으로 바르지 않은 것은 어느 것입니까? (   )

① 만세 시위가 전국적으로 퍼져 나갔다.

② 일제는 만세 시위를 잔인하게 진압했다.

③ 국외에서는 만세 시위가 일어나지 않았다.

④ 학생들과 시민들이 탑골 공원에서 만세 시위를 벌였다.

⑤ 민족 대표들이 독립 선언서를 작성하고 만세 시위를 준비했다.

13 대한민국 임시 정부가 한 일로 알맞지 않은 것은 어느 것입니까? (   )

① 독립 자금을 모았다.

② 다른 나라와 외교 활동을 했다.

③ 봉오동 전투와 청산리 대첩을 지휘했다.

④ 한국광복군을 만들어 일본과의 전쟁을 준비했다.

⑤ 비밀 연락망을 조직해 국내의 독립운동을 지휘했다.

14 1930년대 이후 우리의 민족정신을 지키기 위해 다음과 같은 활동을 한 단체는 무엇인지 쓰시오.

우리글의 가치를 알리고자 한글을 보급하고 사전을 편찬하는 데 힘썼습니다.

(   )

15 다음 보기 에서 우리 민족이 8·15 광복을 맞이할 수 있었던 까닭을 모두 골라 기호를 쓰시오.

보기
㉠ 우리 민족의 끊임없는 독립운동
㉡ 제2차 세계 대전에서 일본의 승리
㉢ 한국광복군의 국내 진공 작전 성공
㉣ 제2차 세계 대전에서 연합국의 승리

(   )

16 다음은 한반도 분단의 과정에서 있었던 사건들입니다. 순서대로 바르게 기호를 쓰시오.

> ㉠ 남한에서 국회 의원을 뽑는 5·10 총선거가 실시되었다.
> ㉡ 모스크바 3국 외상 회의에서 한반도 문제에 대해 논의했다.
> ㉢ 신탁 통치를 둘러싸고 국내 정치 세력 간에 갈등이 일어났다.
> ㉣ 미국과 소련이 38도선을 경계로 남쪽과 북쪽에 각각 주둔했다.

(　　→　　→　　→　　)

17 대한민국 정부 수립과 관련해 다음과 같은 주장을 한 사람은 누구입니까? (　　)

> 한국이 있어야 한국 사람이 있고 민주주의도 공산주의도 또 무슨 단체도 있을 수 있는 것이다. 그러면 우리의 자주 독립적 통일 정부를 수립해야 하는 이때에 어찌 개인이나 자기 집단의 욕심을 탐해 국가 민족의 백 년 계획을 그르칠 사람이 있으랴.

① 김구　　② 이승만　　③ 김일성
④ 여운형　　⑤ 신채호

18 제헌 국회에서 한 일로 알맞은 것을 두 가지 고르시오. (　　, 　　)

① 헌법을 제정했다.
② 5·10 총선거를 감시했다.
③ 신탁 통치 반대 운동을 주도했다.
④ 이승만을 초대 대통령으로 선출했다.
⑤ 조선 민주주의 인민 공화국을 수립했다.

19 다음은 6·25 전쟁 당시의 전세를 나타낸 지도입니다. 지도와 같은 상황이 나타나게 한 사건은 어느 것입니까? (　　)

①
▲ 정전 협정 체결

②
▲ 중국군의 참전

③
▲ 인천 상륙 작전

④
▲ 북한군의 38도선 이남 침공

서술형

20 다음은 6·25 전쟁으로 인한 피해입니다. ㉠에 들어갈 알맞은 내용을 한 가지 쓰시오.

> • 국군과 국제 연합군뿐만 아니라 많은 민간인이 다치거나 죽었음.
> • 전쟁 중 가족이 헤어져 서로 만나지 못하는 이산가족과 부모를 잃은 전쟁 고아들이 수없이 생겨났음.
> • _____㉠_____

_____

_____

1 정조가 한 일로 알맞지 <u>않은</u> 것은 어느 것 입니까? (　)

① 탕평책을 알리기 위해 탕평비를 세웠다.
② 탕평책을 실시하여 인재를 고루 뽑았다.
③ 수원 화성을 건설하고 상업의 중심지 로 삼으려고 했다.
④ 백성이 좀 더 자유롭게 경제 활동을 할 수 있도록 제도를 고쳤다.
⑤ 규장각을 설치하고 젊은 학자들에게 나 랏일과 관련한 학문을 연구하게 했다.

2 다음에서 설명하는 지도는 무엇인지 쓰시오.

조선 후기에 만들어진 우리나라 전도로, 우 리나라의 산, 강, 길 등이 자세히 표시되었 고 다양한 정보를 알 기 쉽게 기호로 표현 했습니다.

(　　　　　)

서술형

3 조선 후기에 다음과 같은 한글 소설이 보 급된 배경을 쓰시오.

▲ 한글 소설 『홍길동전』

_____

_____

4 다음 정책이 백성들의 불만을 산 까닭을 바르게 설명한 어린이를 두 명 고르시오.
(　 , 　)

홍선 대원군은 임진왜란 때 불에 탔던 경복궁을 고쳐 지었습니다.

① 재훈: 경복궁 공사를 위해 수많은 서 원을 세웠기 때문이야.
② 지민: 경복궁 공사를 위해 농사철에 백성들을 동원했기 때문이야.
③ 수진: 공사에 필요한 돈을 마련하려고 강제로 기부금을 거두었기 때문이야.
④ 예은: 백성들의 땅을 강제로 빼앗아서 그 자리에 경복궁을 세웠기 때문이야.
⑤ 동현: 왕의 외척이 권력을 잡도록 하기 위해 경복궁을 다시 지었기 때문이야.

5 외세의 조선 침략 과정에서 있었던 사건들 입니다. 순서대로 바르게 기호를 쓰시오.

㉠ 일본과 강화도 조약을 맺고 개항했다.
㉡ 미국이 통상을 요구하며 강화도를 침략했다.
㉢ 홍선 대원군이 전국 각지에 척화비 를 세웠다.
㉣ 프랑스가 통상을 요구하며 강화도 를 침략했다.

(　　 → 　　 → 　　 → 　　)

6 갑신정변에 대한 설명으로 알맞지 <u>않은</u> 것은 어느 것입니까?　　　(　)

① 청군의 개입으로 3일 만에 끝났다.
② 새로운 국가를 만들려는 개혁 시도였다.
③ 러시아의 군사 지원을 약속받고 일으켰다.
④ 준비가 부족한 상태에서 개혁을 시도했다.
⑤ 정변을 일으킨 사람들은 새 정부를 조직하고 주요 개혁 정책을 발표했다.

7 다음 보기 에서 동학 농민 운동 당시 농민군이 제시한 개혁안으로 알맞은 것을 모두 골라 기호를 쓰시오.

> 보기
> ㉠ 노비 문서를 소각한다.
> ㉡ 청에 협력하는 사람을 엄히 벌한다.
> ㉢ 정해진 세금 외에 잡다한 세금을 폐지한다.
> ㉣ 탐관오리, 못된 양반은 그 죄를 조사해 벌한다.

(　　　　)

8 다음에서 설명하는 사건은 무엇입니까?
(　)

> 고종과 명성 황후가 러시아 세력을 끌어들이는 등 외교적인 노력을 하면서 일본의 간섭을 막으려 하자, 일본은 경복궁에 침입해 명성 황후를 시해하고 시신을 불태우는 만행을 저질렀습니다.

① 을미사변　　② 병인양요
③ 갑신정변　　④ 아관 파천
⑤ 동학 농민 운동

서술형

9 고종이 다음 장소에서 황제 즉위식을 한 까닭을 쓰시오.

▲ 환구단: 황제가 하늘에 제사(제천례)를 지내고자 둥글게 쌓은 단

_____

_____

_____

10 다음 지도에 나타난 민족 운동이 일어난 까닭으로 알맞지 <u>않은</u> 것은 어느 것입니까?　　　(　)

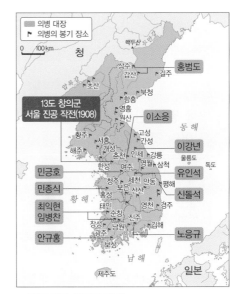

▲ 항일 의병 운동의 전개

① 을미사변
② 고종의 강제 퇴위
③ 을사늑약 강제 체결
④ 대한 제국의 군대 해산
⑤ 안중근의 이토 히로부미 저격

11 이회영이 한 일로 알맞은 것은 어느 것입니까? ( )

① 평양에 대성 학교를 세웠다.
② 만주에 신흥 강습소를 설립했다.
③ 을사늑약 체결에 반대하여 자결했다.
④ 미국의 샌프란시스코에서 흥사단을 세웠다.
⑤ 평민 출신 의병장으로 강원도, 경상도, 충청도를 중심으로 활약했다.

12 다음에서 설명하는 사람은 누구인지 쓰시오.

나는 3·1 운동 당시 고향인 충청남도 천안으로 내려가 아우내 장날이던 4월 1일에 만세 시위를 주도했어요.

( )

13 다음 밑줄 친 단체의 활동으로 알맞은 것은 어느 것입니까? ( )

> 대한민국 임시 정부의 김구는 한인 애국단을 조직하고, 무력으로 일제에 저항해 광복 의지를 세계에 알렸습니다.

① 3·1 운동을 주도했다.
② 봉오동에서 일본군을 크게 무찔렀다.
③ 하얼빈역에서 이토 히로부미를 저격했다.
④ 여러 지역의 독립군을 모아 일본과의 전쟁을 준비했다.
⑤ 상하이 홍커우 공원에서 일본 왕의 생일을 기념하는 행사장에 폭탄을 던졌다.

14 1930년대 이후 우리의 민족정신을 말살하기 위해 일제가 한 일로 알맞지 <u>않은</u> 것은 어느 것입니까? ( )

① 우리말을 쓰지 못하게 했다.
② 신사에 강제로 참배하게 했다.
③ 우리 역사를 왜곡하고 축소했다.
④ 우리 역사를 배우지 못하게 했다.
⑤ 일본인의 이름을 우리나라 성과 이름으로 바꾸게 했다.

서술형

15 다음 선생님의 질문에 알맞은 대답을 쓰시오.

광복 이전부터 우리나라 독립 운동가들은 광복 이후의 나라를 고민했어요. 광복에 대비한 독립운동가들의 노력을 한 가지씩 말해 볼까요?

_____

_____

_____

16 모스크바 3국 외상 회의에서 결정된 내용을 보기 에서 모두 골라 기호를 쓰시오.

> 보기
> ㉠ 5·10 총선거 실시
> ㉡ 한반도에 임시 정부 수립
> ㉢ 남북을 가로지르는 38도선 설치
> ㉣ 정부 수립 전 최대 5년간 신탁 통치 실시

( )

17 대한민국 정부 수립이 가지는 역사적 의의를 바르게 설명한 어린이를 두 명 고르시오.
(,)

① 대한민국 임시 정부의 전통을 이었어.

② 우리 민족의 오랜 염원이었던 독립 정부를 수립했어.

③ 남한과 북한이 힘을 모아 하나의 정부를 수립했어.

④ 국제 연합의 신탁 통치를 받게 되었어.

[18~19] 다음은 6·25 전쟁의 전개 과정을 나타낸 지도입니다. 물음에 답하시오.

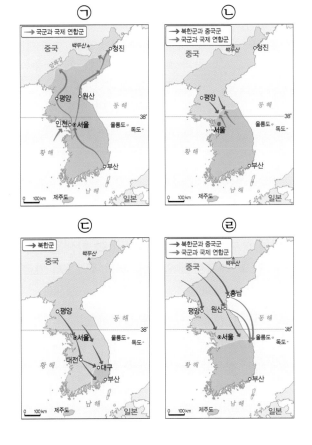

18 6·25 전쟁의 전개 과정에 맞게 앞의 지도의 기호를 바르게 나열한 것은 어느 것입니까? ( )

① ㉠ - ㉡ - ㉢ - ㉣
② ㉡ - ㉢ - ㉣ - ㉠
③ ㉡ - ㉣ - ㉠ - ㉢
④ ㉢ - ㉠ - ㉣ - ㉡
⑤ ㉢ - ㉣ - ㉡ - ㉠

서술형
19 앞 ㉠ 지도와 같은 상황이 전개된 계기는 무엇인지 쓰시오.

_____

_____

20 6·25 전쟁의 영향으로 알맞지 <u>않은</u> 것은 어느 것입니까? ( )

① 국토가 황폐해졌다.
② 이산가족과 전쟁고아들이 수없이 생겨났다.
③ 군인뿐만 아니라 많은 민간인이 다치거나 죽었다.
④ 수많은 피란민이 서울에 몰려들어 서울의 인구가 크게 늘었다.
⑤ 건물, 도로, 철도, 다리 등이 파괴되어 복구하는 데 많은 시간과 비용이 들었다.

[1~2] 다음 글을 읽고, 물음에 답하시오.

> 이승만은 독재 정치를 이어 나갔고, 이승만 정부의 부정부패로 국민의 생활이 어려워졌습니다. 이러한 상황에서 이승만 정부는 1960년 3월 15일에 예정된 정부통령 선거에서 <u>부정 선거</u>를 계획해 실행했고, 그 결과 선거에서 이겼습니다.

1 이승만 정부가 윗글의 밑줄 친 '부정 선거'를 실행한 방법으로 알맞지 <u>않은</u> 것은 어느 것입니까? ( )

① 투표한 용지를 불에 태워 없앴다.

② 남성만 투표에 참여할 수 있게 했다.

③ 조작된 투표용지를 넣어 투표함을 바꿨다.

④ 투표하지 않은 사람을 대신해서 다른 사람에게 투표하게 했다.

⑤ 유권자들에게 돈이나 물건을 주면서 이승만 정부에 투표하도록 했다.

2 윗글에서 설명한 사건의 원인으로 일어난 민주화 운동은 무엇입니까? ( )

① 4·19 혁명

② 6월 민주 항쟁

③ 5·16 군사 정변

④ 5·18 민주화 운동

⑤ 6·29 민주화 선언

서술형

3 다음 밑줄 친 헌법의 내용을 한 가지만 쓰시오.

> 5·16 군사 정변 이후 대통령이 된 박정희는 1972년 10월에 <u>유신 헌법</u>을 선포했습니다.

_____

_____

4 다음 보기 에서 5·18 민주화 운동에 대한 설명으로 알맞은 것을 모두 골라 기호를 쓰시오.

보기

㉠ 시민들은 정부와 계엄군에게 물러날 것을 요구했다.

㉡ 신문과 방송들은 광주에서 일어나는 일들을 대대적으로 보도했다.

㉢ 시민들과 학생들은 계엄군에게 총을 쏘며 폭력적으로 대항했다.

㉣ 계엄군은 시민군이 모여 있던 전라남도청을 공격해 강제로 진압했다.

( )

5 6월 민주 항쟁 당시 시민들과 학생들이 주장한 내용으로 알맞은 것을 <u>두 가지</u> 고르시오. (,)

① "대통령 직선제를 실시하라!"

② "3·15 부정 선거는 무효이다!"

③ "정부는 마산 사건을 책임져라!"

④ "전두환 정부의 독재에 반대한다!"

⑤ "박정희 정부는 유신 헌법을 철폐하라!"

6 다음에서 설명하는 제도는 무엇인지 쓰시오.

> 지역의 주민이 직접 선출한 지방 의회 의원과 지방 자치 단체장이 그 지역의 일을 처리하는 제도입니다.

( )

7 오늘날 정보 통신 기술이 발달하면서 시민들이 사회 여러 가지 문제를 해결하기 위해 참여하는 방법은 무엇입니까? ( )

①
▲ 투표

②
▲ 캠페인

③
▲ 1인 시위

④
▲ 누리 소통망 서비스 (SNS) 활동

서술형

8 1960년대 정부가 다음과 같은 시설들을 많이 건설한 까닭은 무엇인지 쓰시오.

> • 항만   • 발전소
> • 정유 시설   • 고속 국도

_____

_____

9 다음 (가), (나)에 해당하는 산업을 각각 쓰시오.

> (가) 식료품, 섬유, 종이 등 비교적 가벼운 물건을 만드는 산업
> (나) 철, 배, 자동차 등 무거운 제품이나 플라스틱, 고무 제품, 화학 섬유 제품을 생산하는 산업

(가): ( )
(나): ( )

10 1970년대 우리나라에서 발달한 산업을 두 가지 고르시오. (,)

① 조선 산업   ② 의류 산업
③ 철강 산업   ④ 첨단 산업
⑤ 정보 통신 산업

11 다음과 같은 상황으로 변화한 우리나라의 경제 모습으로 알맞지 않은 것은 어느 것입니까? ( )

> 1970년대 이후 우리나라의 산업 구조가 경공업에서 중화학 공업 중심으로 바뀌었습니다.

① 수출액이 빠르게 증가했다.
② 국민 소득이 빠르게 증가했다.
③ 사람들의 생활 수준이 크게 향상되었다.
④ 세계적으로 우수한 제품을 생산할 수 있게 되었다.
⑤ 많은 노동력이 필요한 제품을 주로 수출하게 되었다.

12 다음 밑줄 친 산업에 해당하는 것은 어느 것입니까? (　　)

> 2000년대 이후 사람들에게 즐거움을 주고 삶을 편리하게 해 주는 다양한 서비스 산업이 빠르게 발달하고 있습니다.

①
▲ 철강 산업

②
▲ 문화 콘텐츠 산업

③
▲ 로봇 산업

④
▲ 자동차 산업

13 다음 보기 에서 남북 분단으로 겪는 어려움을 모두 골라 기호를 쓰시오.

> 보기
> ㉠ 이산가족의 아픔
> ㉡ 전쟁에 대한 공포
> ㉢ 농촌의 일손 부족 현상 심화
> ㉣ 국방비의 과다 사용으로 인한 경제적 손실

(　　　　　　)

14 통일 한국의 미래 모습을 잘못 예측한 어린이는 누구입니까? (　　)

① 효진: 세계 평화에 기여하게 될 거야.
② 연우: 사람들의 생활 모습이 다양해질 거야.
③ 하늘: 유럽의 여러 나라와 교류하는 것이 어려워질 거야.
④ 이수: 전통문화를 체계적으로 관리하고 계승할 수 있을 거야.
⑤ 지석: 위험 요소가 해소돼서 전쟁에 대한 두려움이 사라질 거야.

15 남북통일을 위한 각 분야의 노력을 바르게 선으로 연결하시오.

(1) 정치적 노력 ・

・㉠
▲ 개성 공단 가동

(2) 경제적 노력 ・

・㉡
▲ 남북 정상 회담 개최

(3) 사회·문화적 노력 ・

・㉢
▲ 남북 예술단 합동 공연

1 다음을 4·19 혁명 과정에서 있었던 사건 순서대로 기호를 나열하시오.

> ㉠ 이승만이 대통령 자리에서 물러났습니다.
> ㉡ 전국에서 많은 시민과 학생들이 시위에 참여했습니다.
> ㉢ 대학교수들이 학생들을 지지하며 정부에 항의했습니다.
> ㉣ 마산에서 3·15 부정 선거를 비판하는 시위가 일어났습니다.

(→   →   →   )

2 박정희 정부가 선포한 유신 헌법의 주요 내용으로 알맞은 것을 두 가지 고르시오.
(,   )

① 대통령의 권한을 축소한다.
② 국민의 자유와 권리를 보장한다.
③ 대통령 직선제를 간선제로 바꾼다.
④ 대통령을 할 수 있는 횟수를 제한하지 않는다.
⑤ 민주화를 요구하는 국민의 의견을 받아들인다.

서술형

3 5·18 민주화 운동의 의의를 한 가지만 쓰시오.

_____

_____

[4~5] 다음 글을 읽고, 물음에 답하시오.

> 1987년 시민들과 학생들은 전두환 정부의 독재에 반대하고 대통령 직선제를 요구하며 전국 곳곳에서 시위를 벌였습니다.

4 윗글에서 설명하는 사건을 쓰시오.

(   )

5 위 **4**번 답의 시위 결과로 발표된 6·29 민주화 선언에 담긴 내용을 보기 에서 모두 골라 기호를 쓰시오.

> **보기**
> ㉠ 대통령 간선제
> ㉡ 지역감정 없애기
> ㉢ 지방 자치제 시행
> ㉣ 언론의 자유 보장

(   )

6 다음 자료와 관련된 제도로 알맞은 것은 어느 것입니까? ( )

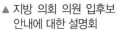
▲ 지방 의회 의원 입후보 안내에 대한 설명회

▲ 서울특별시 의회 개원 축하식

① 삼권 분립제
② 지방 자치제
③ 대통령 직선제
④ 대통령 간선제
⑤ 대통령 중심제

7 다음 사진과 같이 오늘날 사회 공동의 문제를 해결하는 방식은 무엇입니까? ( )

① 캠페인
② 1인 시위
③ 서명 운동
④ 촛불 집회
⑤ 누리 소통망 서비스(SNS) 활용

8 1950년대 우리나라 경제 상황으로 알맞지 <u>않은</u> 것은 어느 것입니까? ( )

① 국토 전체가 폐허로 변했다.
② 소비재 산업이 주로 발전했다.
③ 산업 시설이 대부분 파괴되었다.
④ 파괴된 여러 시설을 복구하고 경제적으로 자립하기 위해 노력했다.
⑤ 공업 중심의 산업 구조를 농업 중심의 산업 구조로 변화시키려고 노력했다.

서술형

9 1960년대 우리나라에서 경공업이 주로 발달한 까닭은 무엇인지 쓰시오.

_____

_____

10 다음과 같은 문제점을 해결하기 위해 정부가 빠르게 발전시킨 산업을 <u>두 가지</u> 고르시오. (,)

> 1970년대에는 우리나라의 산업이 급격하게 성장하면서 제품을 만드는 데 많은 재료가 필요해졌지만 필요한 재료는 대부분 다른 나라에서 수입해야 했습니다.

① 철강 산업
② 의류 산업
③ 자동차 산업
④ 서비스 산업
⑤ 석유 화학 산업

11 다음과 같은 경제 성장이 나타나기 시작한 시기는 언제입니까? ( )

> • 반도체 세계 판매량 2위를 달성하며 반도체 강국으로 우뚝 섰습니다.
> • 전국에 걸쳐 초고속 정보 통신망을 만들어 정보 통신 산업이 발달했습니다.

① 1950년대　　② 1960년대
③ 1970년대　　④ 1980년대
⑤ 1990년대

12 다음 산업들이 우리나라에서 발달한 순서대로 기호를 나열하시오.

▲ 로봇 산업　　　▲ 의류 산업
▲ 조선 산업　　　▲ 자동차 산업

(　　→　　　→　　　→　　)

서술형

13 남북통일이 된다면 얻을 수 있는 경제적 이득을 한 가지만 쓰시오.

_____

_____

14 다음에서 설명하는 문서의 이름을 쓰시오.

> 1991년 남북 사이에 채택된 문서로, 남북 화해, 교류, 협력 등의 내용이 담겨 있습니다.

(　　　　　　　　)

15 다음 빈칸에 들어갈 알맞은 말을 쓰시오.

> 남북한은 통일을 위한 경제적 교류의 노력으로 남한의 자본과 기술력에 북한의 노동력이 결합한 ( )이/가 활발하게 운영되었던 적이 있습니다.

(　　　　　　　　)

15개정 교육과정

이것만 알자!

초등 한국사

정답과 해설

ABOVE IMAGINATION

우리는 남다른 상상과 혁신으로
교육 문화의 새로운 전형을 만들어
모든 이의 행복한 경험과 성장에 기여한다

이것만 알자!

초등 한국사

| 정답과 해설 |

1. 옛사람들의 삶과 문화

14~15쪽

이 단원을 들어가기 전에

삼국 시대, 고려 시대, 조선 시대의 모습을 나타낸 그림입니다. 숨은 그림을 찾아보세요.

☑ 총   ☑ 집
☑ 포크   ☑ 종이배
☑ 기차   ☑ 페인트붓

정답과 해설은 12쪽에 있어!

▌그림 설명 ▌

• 고구려, 백제, 신라의 성립과 발전 과정	→ [20~22쪽 **03** 왕권을 강화한 국가! 고구려, 백제, 신라] 고구려, 백제, 신라가 나라를 세우고, 차례로 전성기를 맞이하는 모습을 살펴볼 수 있습니다.
• 고려의 뛰어난 문화유산	→ [44~47쪽 **14** 고려의 문화유산! 고려청자, 팔만대장경, 금속 활자] 세계적으로 인정받는 고려청자, 팔만대장경, 금속 활자의 우수성에 대해 알 수 있습니다.
• 조선 세종 대의 발전	→ [52~53쪽 **16** 조선을 발전시킨 왕, 세종!] 세종 대에 이루어진 과학 기술, 문화, 국방의 발전 내용에 대해 정리해 볼 수 있습니다.

재미있는 개념 퀴즈!

24~25쪽

1

옛날에 환인의 아들인 환웅이 인간 세상을 다스리고 싶어 했어요.
환웅은 ㉠(바람, 비, 구름)/ 늑대, 호랑이, 곰)을 다스리는 신하와 무리 삼천 명을 이끌고 내려와 세상을 다스렸어요.
어느 날 곰과 호랑이가 환웅을 찾아와 사람이 되게 해 달라고 빌었어요.

환웅은 쑥과 마늘을 주면서 "이것을 먹으면서 100일 동안 햇빛을 보지 않으면 사람이 될 것이다."라고 했어요.
㉡(곰)/ 호랑이)은/는 환웅이 말한 것을 잘 지켜 여자로 변해 웅녀가 되었어요. 웅녀는 환웅과 결혼해 아들을 낳았고, 아들이 후에 ㉢(주몽 /단군왕검)이 되었어요. 환웅의 아들은 아사달에 도읍을 옮겨 고조선을 건국했어요.

2 청동기

3 고구려 – (3) – (가) – ㉡
백제 – (1) – (다) – ㉠
신라 – (2) – (나) – ㉢

1 환웅이 바람, 비, 구름을 다스리는 신하를 데리고 왔다는 것은 농업을 중요하게 생각했다는 것이고, 곰이 여자로 변한 웅녀가 환웅과 결혼한 것은 곰을 믿는 부족이 환웅 부족과 연합한 것을 뜻합니다.

2 미송리식 토기, 비파형 동검, 탁자식 고인돌은 고조선을 대표하는 문화유산입니다. 빗살무늬 토기와 움집은 신석기 시대의 유물입니다.

3

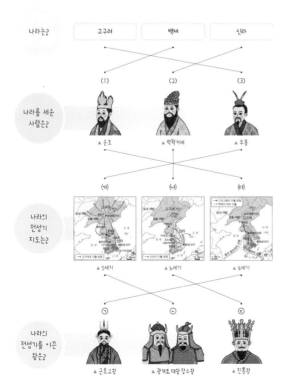

고구려는 주몽이 졸본에 세운 나라로 5세기 광개토 대왕과 장수왕 때 전성기를 맞이했으며, 백제는 온조가 한강 유역에 세운 나라로 4세기 근초고왕 때 전성기를 맞이했습니다. 신라는 박혁거세가 지금의 경주 지역에 세운 나라로 6세기 진흥왕 때 전성기를 맞이했습니다.

재미있는 개념 퀴즈!

36~37쪽

1 ㉢, ㉡, ㉠, ㉣

2 발해

3

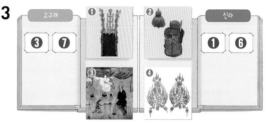

- 신분
- 첨성대

1 신라의 삼국 통일은 '신라와 당의 연합 → 백제 멸망 → 고구려 멸망 → 당의 군대 격파 → 삼국 통일' 순으로 이루어졌습니다.

2 발해는 대조영이 고구려 유민과 말갈족을 이끌고 동모산 지역에 세운 나라입니다.

3 ❶ 금관총 금관은 신라, ❷ 철제 갑옷과 투구는 가야, ❸ 무용총의 접객도는 고구려, ❹ 왕이 사용한 금제 관식은 백제, ❺ 가야 덩이쇠는 가야, ❻ 첨성대는 신라, ❼ 금동 연가 7년명 여래 입상은 고구려, ❽ 백제 금동 대향로는 백제의 문화유산입니다.

1

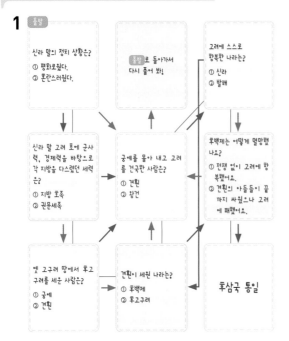

2 태민

3

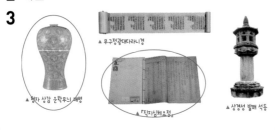
▲ 무구정광대다라니경
▲ 청자 상감 운학무늬 매병
▲ 『직지심체요절』
▲ 상경성 발해 석등

1 고려는 후백제 건국(900년)(견훤) → 후고구려 건국(901년)(궁예) → 고려 건국(918년)(왕건) → 신라 항복(935년) → 후백제 패배(936년)의 순서로 통일되었습니다.

2 거란은 고려와 송의 관계를 끊으려고 고려에 침입했습니다. 고려는 거란의 1차 침입은 서희의 담판으로 물리쳤고, 거란의 3차 침입 당시 귀주에서 큰 승리를 거두었습니다.

3 무구정광대다라니경은 신라, 상경성 발해 석등은 발해의 문화유산입니다.

> **더 알기** 고려의 문화유산

고려청자	고려 사람들은 상감 기법으로 독창적 상감 청자를 만들었음.
팔만대장경판	유네스코 세계 기록 유산으로 등재된 8만여 장에 이르는 목판임.
『직지심체요절』	오늘날 전해지는 가장 오래된 금속 활자 인쇄본임.

1

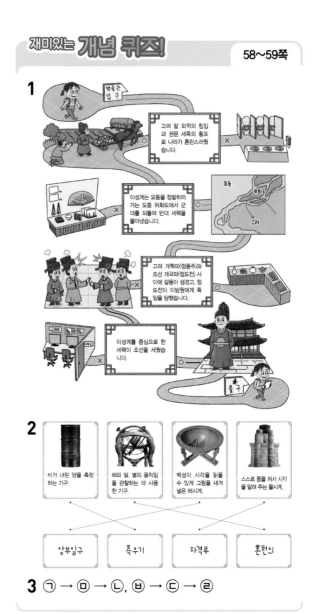

2

비가 내린 양을 측정하는 기구.

해와 달, 별의 움직임을 관찰하는 데 사용한 기구.

백성이 시각을 읽을 수 있게 그림을 새겨 넣은 해시계.

스스로 종을 쳐서 시각을 알려 주는 물시계.

앙부일구　족우기　자격루　혼천의

3 ㉠ → ㉢ → ㉡, ㉤ → ㉣ → ㉥

1 고려 개혁파(정몽주)와 조선 개국파(정도전) 사이에 갈등이 생겼고, 정도전이 이방원에게 죽임을 당했습니다. (×) → 고려 개혁파(정몽주)와 조선 개국파(정도전) 사이에 갈등이 생겼고, 정몽주가 이성계의 아들인 이방원에게 죽임을 당했습니다.

2 세종은 집현전 학자들과 함께 다양한 과학 기구를 만들어 보급했습니다. 이때 혼천의, 앙부일구, 자격루와 같은 여러 과학 기구가 만들어졌습니다. 특히 비가 내린 양을 측정할 수 있는 측우기를 만들어 각 고을에 보급해 지역의 기후를 파악하고 세금을 걷는 데 활용했습니다.

3 임진왜란은 '㉠ → ㉢ → ㉡', 병자호란은 '㉤ → ㉣ → ㉥'의 순서로 일어났습니다.

❶ 청동기　　❷ 근초고왕
❸ 대조영　　❹ 백제
❺ 고려　　　❻ 서희
❼ 팔만대장경　❽ 신진 사대부
❾ 훈민정음　❿ 임진왜란

개념 잡는 **수행 평가!**

62~65쪽

1 고조선
2 예 영토를 크게 넓혔다. / 한강 유역을 차지했다.
3 예 발해는 고구려를 계승했다.
4 불교
5 ㄹ - ㄴ - ㄱ - ㄷ
6 예 고려는 송과 관계를 끊고 거란과 교류할 것을 약속했다. / 거란이 고려에서 물러갔다. / 고려가 압록강 동쪽의 강동 6주를 차지하게 되었다.
7 예 몽골이 바다에서 전투하는 것에 약했기 때문이다. / 강화도는 물살이 매우 빠르고 갯벌이 넓어 몽골군이 침략하기 어려운 지역이었기 때문이다. / 강화도는 섬이 넓어 많은 사람이 지낼 수 있었고, 뱃길로 육지의 세금과 각종 물건을 옮겨 올 수 있었기 때문이다.
8 예 부처의 힘으로 몽골의 침입을 이겨 내고자 만들었다.
9 ㉠ 경복궁 ㉡ 숭례문
10 예 세종은 백성들이 글을 몰라 어려움을 겪자, 이를 덜어 주려고 우리글을 만들었다.
11 ㉠ 중인 ㉡ 천민
12 예 조선 수군은 남해를 장악하고, 전라도와 충청도의 곡창 지대를 지킬 수 있었다. / 바다로 물자를 보급하려던 일본군은 전략을 펼치는 데 어려움을 겪었다.

[1] 평가 목표 : 고조선의 법을 보고, 고조선 사회에 대해 알 수 있습니다.
1 고조선에는 8개 조항의 법이 있었는데, 현재는 세 개만이 전해지고 있습니다.

[2] 평가 목표 : 삼국 시대의 시기별 지도를 보고, 삼국의 전성기에 나타나는 특징을 추측할 수 있습니다.
2 삼국은 공통적으로 전성기에 영토를 크게 넓혔고, 한강 유역을 차지하여 한반도에서 주도권을 잡았습니다.

채점 기준
'영토를 크게 넓혔다. / 한강 유역을 차지했다.' 중 한 가지를 바르게 썼다.

[3] 평가 목표 : 고구려와 발해의 문화유산을 보고, 두 나라의 관계를 추측할 수 있습니다.
3 고구려 문화유산과 생김새가 비슷한 발해 문화유산을 통해 발해가 고구려를 계승했다는 사실을 알 수 있습니다.

채점 기준
'발해는 고구려를 계승했다.'라고 바르게 썼다.

[4] 평가 목표 : 삼국의 문화유산을 통해 당시 불교가 발달하였음을 알 수 있습니다.
4 삼국은 불교를 장려하려고 불교 문화유산을 많이 만들었습니다.

[5] 평가 목표 : 후삼국 통일 과정에서 일어난 사건들을 시간 순서대로 나열할 수 있습니다.
5 후백제와 후고구려가 세워지면서 후삼국 시대가 시작되었습니다. 후고구려는 고려로 바뀌었고, 고려는 신라와 후백제를 차례로 흡수하여 후삼국을 통일했습니다.

[6] 평가 목표 : 거란의 1차 침입 당시 서희의 담판으로 얻어낸 성과를 서술할 수 있습니다.
6 서희의 담판으로 거란의 1차 침입을 막아냈고, 고려는 강동 6주도 차지하게 되었습니다.

채점 기준
'고려는 송과 관계를 끊고 거란과 교류할 것을 약속했다. / 거란이 고려에서 물러갔다. / 고려가 압록강 동쪽의 강동 6주를 차지하게 되었다.' 중 한 가지를 바르게 썼다.

평가 목표 : 몽골 침입기, 강화도가 가졌던 지리적 장점에 대해 서술할 수 있습니다.

7 몽골이 침략하자 고려 정부는 강화도로 도읍을 옮기고 몽골과 끝까지 항전하고자 했습니다.

채점 기준
'몽골이 바다에서 전투하는 것에 약했기 때문이다. / 강화도는 물살이 매우 빠르고 갯벌이 넓어 몽골군이 침략하기 어려운 지역이었기 때문이다. / 강화도는 섬이 넓어 많은 사람이 지낼 수 있었고, 뱃길로 육지의 세금과 각종 물건을 옮겨 올 수 있었기 때문이다.' 중 한 가지를 바르게 썼다.

[8] 평가 목표 : 고려의 문화유산과 불교의 관계에 대해 서술할 수 있습니다.

8 고려 사람들은 외적의 침입과 같은 큰일이 생기면 부처의 힘에 의지해 어려움을 극복하려고 했습니다.

채점 기준
'부처의 힘으로 몽골의 침입을 이겨 내고자 만들었다.'라고 바르게 썼다.

[9] 평가 목표 : 한양에 세워진 궁궐과 사대문의 이름에 담긴 의미를 제시할 수 있습니다.

9 조선은 도읍인 한양의 궁궐과 도성의 사대문에 각각 유교에서 강조하는 덕목으로 이름을 붙였다.

[10] 평가 목표 : 세종이 훈민정음을 창제한 이유를 서술할 수 있습니다.

10 조선 시대에 세종이 훈민정음을 창제하면서 우리 민족은 우리글을 가지게 되었습니다.

채점 기준
'세종은 백성들이 글을 몰라 어려움을 겪자, 이를 덜어 주려고 우리글을 만들었다.'라고 바르게 썼다.

[11] 평가 목표 : 조선 시대 사람들이 신분에 따라 한 일을 구분할 수 있습니다.

11 조선 시대 사람들은 태어날 때부터 신분이 정해져 있었고, 신분에 따라 하는 일도 정해져 있었습니다.

[12] 평가 목표 : 임진왜란을 극복하는데 기여한 수군의 역할을 서술할 수 있습니다.

12 이순신이 이끄는 조선 수군의 승리로 조선이 전쟁에서 유리해졌습니다.

채점 기준
'조선 수군은 남해를 장악하고, 전라도와 충청도의 곡창 지대를 지킬 수 있었다. / 바다로 물자를 보급하려던 일본군은 전략을 펼치는 데 어려움을 겪었다.' 중 한 가지를 바르게 썼다.

2. 사회의 새로운 변화와 오늘날의 우리

68~69쪽

이 단원을
들어가기 전에

조선 후기, 일제 강점기, 광복 이후의 모습을 나타낸 그림입니다. 숨은 그림을 찾아보세요.

☑ 자   ☑ 연필
☑ 컵   ☑ 지우개
☑ 집   ☑ 삼각자

| 그림 설명 |

• 영조와 정조의 개혁 정치   →   [70~71쪽 **19** 조선 후기 개혁을 추진한 왕, 영조와 정조!] 조선 후기 영조와 정조가 추진한 개혁 정치의 내용에 대해 배울 수 있습니다.

• 일제의 식민 통치에 저항한 3·1 운동   →   [94쪽 **30** 나라를 잃고, 3·1 운동] 일제의 식민 통치에 대한 우리 민족의 저항을 대표하는 사건인 3·1 운동의 전개 과정을 알 수 있습니다.

• 광복 이후, 대한민국 정부의 수립 과정   →   [102~103쪽 **36** 되찾은 나라, 대한민국 정부 수립!] 광복 이후, 미국과 소련의 갈등, 민족 내부의 갈등 속에서 이루어낸 대한민국 정부의 수립 과정을 배울 수 있습니다.

1 ❶

2 을식

3 농사, 토지

4

---

1 영조는 탕평책을 널리 알리기 위해 탕평비를 세웠는데, 탕평비에는 붕당과 상관없이 나랏일을 할 인재를 골고루 뽑아 정치를 하겠다는 탕평책의 내용이 담겨 있습니다.

2 거중기는 도르래를 이용해 적은 힘으로 무거운 물체를 들어 올리는 장치입니다.

3 농업에 관심을 두었던 실학자는 토지 제도를 바꾸고 과학적인 농사 기술을 알려 농민이 잘사는 사회를 만들려고 했습니다.

> **더 알기** 실학자들의 다양한 주장

농업에 관심을 두었던 실학자	토지 제도를 바꾸고 과학적인 농사 기술을 알려 농민이 잘사는 사회를 만들자.
상업과 공업에 관심을 두었던 실학자	청의 문물을 받아들이고 상업과 공업을 발달시켜 백성의 삶을 풍요롭게 하자.
우리나라의 고유한 것을 중요하게 생각한 실학자	우리의 역사, 지리, 언어, 자연 등을 연구하자.

4 왼쪽부터 신윤복의 「단오풍정」, 고려 시대의 청자 상감 운학무늬 매병, 김홍도의 「서당도」입니다. 청자는 고려 시대의 귀족 문화와 관련이 있습니다.

> **더 알기** 조선 후기의 서민 문화

한글 소설	한문이 아니라 한글로 쓴 소설.
풍속화	당시 사람들의 생활 모습을 담고 있는 그림.
탈놀이	탈을 쓰고 하는 연극이나 춤.
판소리	긴 이야기를 노래로 들려주는 공연.

---

1 병인양요

2 ❶ - ❸ - ❷

3

---

1 제시된 그림에서 백성들이 말하고 있는 사건은 병인양요입니다. 병인양요는 프랑스가 1866년에 통상을 요구하며 강화도를 침략한 사건입니다.

2 갑신정변은 새로운 국가를 만들려는 개혁 시도였으나, 일본의 힘에 의지하고 준비가 부족한 상태에서 개혁을 시도한 점이 많은 사람의 지지를 받지 못했습니다.

3 • 서양과의 통상을 요구하며 군사를 일으켰습니다.(×) → 고부 군수의 횡포를 막기 위해 군사를 일으켰습니다.

• 동학 농민군이 일어나자 조선은 러시아에 도움을 요청했습니다.(×) → 조선은 청에 도움을 요청했고 청이 조선에 군대를 보내자 일본도 군대를 보냈습니다.

• 동학 농민군은 공주 우금치에서 벌어진 전투에서 크게 승리했습니다.(×) → 동학 농민군은 기관총으로 무장한 일본군과 관군의 상대가 되지 않아 공주 우금치에서 벌어진 전투에서 크게 패했습니다.

1 고종

2 을사늑약

3 ❶ 토지 조사 사업   ㉠ 조선 총독부

    ❷ 신흥 강습소   ㉡ 신돌석

    ❸ 흥사단   ㉢ 을미사변

    ❹ 안창호   ㉣ 안중근

    ❺ 헌병   ㉤ 의병

1 ・독립 협회는 영은문을 세웠다.(×) → 독립 협회는 독립문을 세웠습니다.

・대한 제국은 만민 공동회를 개최했다.(×) → 독립 협회는 만민 공동회를 개최했습니다.

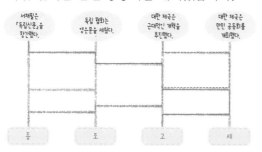

2 일제의 특사로 대한 제국에 온 이토 히로부미는 고종의 거부에도 외교권을 빼앗는 을사늑약을 강제로 체결했습니다.

3 개항 이후, 우리 민족은 개화 정책을 추진하는 한편 일제의 침략을 막으려고 노력했지만 결국 국권을 빼앗겼습니다. 국권을 빼앗긴 후에도 일제의 식민지 통치에 맞서 끊임없이 독립운동을 했습니다.

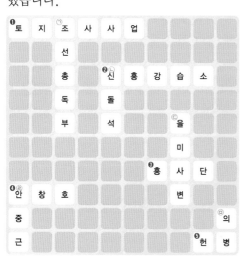

1 유관순

2 ㉠ 연락망 ㉡ 애국단 ㉢ 한국광복군

3 소은

4

1 제시된 도움말은 유관순에 대한 설명입니다. 유관순은 모진 고문을 받아 18세의 나이로 감옥에서 목숨을 잃었습니다.

2 1919년 9월 중국 상하이에서 여러 임시 정부를 통합한 대한민국 임시 정부가 수립되어 독립운동을 했습니다.

3 일제는 우리나라 사람들에게 우리말 대신 일본어를 쓰도록 강요했습니다.

4 ・이회영은 「광야」, 「청포도」와 같은 작품을 지었어요.(×) → 이회영은 신흥 강습소를 설립했습니다.

・이육사는 『이순신전』을 썼어요.(×) → 이육사는 「광야」, 「청포도」와 같은 작품을 지었습니다.

더 알기 1930년대 이후, 민족정신을 지키려 한 노력

신채호	우리 민족의 우수성을 알리고 한국인들의 독립 의지를 고취하고자 역사책을 펴냈음.
조선어 학회	우리글의 가치를 알리고자 한글을 보급하고 사전을 편찬하는 데 힘썼음.
한용운, 이육사	꺾이지 않는 민족정신을 그들의 작품에 담았음.

1 1945815

2 신탁 통치

3 (1) 이승만 (2) 김구

4 ㉡

1 제2차 세계 대전 중 일본과 싸우던 연합국은 여러 회담에서 우리나라의 독립을 약속했고, 연합국이 전쟁에서 승리하면서 우리나라는 1945년 8월 15일에 광복을 맞이했습니다.

2 모스크바 3국 외상 회의에서는 정부가 수립되기 전에 최대 5년간 신탁 통치를 실시한다는 내용이 결정되었습니다. 당시의 신탁 통치는 완전한 독립 국가가 되기 전에 미국, 영국, 중국, 소련 네 나라가 대신 우리나라를 다스리는 통치 체제였습니다.

3 이승만은 단독 정부 수립을, 김구는 통일 정부 수립을 주장했습니다.

4 제시된 지도는 인천 상륙 작전이 성공하면서 전쟁의 상황이 국군에게 유리하게 된 상황을 나타내고 있습니다.

❶ 수원 화성   ❷ 실학

❸ 신미양요   ❹ 전봉준

❺ 독립 협회   ❻ 안중근

❼ 3·1 운동   ❽ 조선어 학회

❾ 모스크바 3국 외상 회의

❿ 국제 연합(UN)

1 정조

2 예 조선 후기에 농업 생산력이 높아지고 상공업이 발달하면서 경제적 여유가 생긴 사람들이 문화 활동과 예술 활동에도 관심을 기울였기 때문에 서민 문화가 발달했다.

3 예 서양과 교류하지 않겠다는 의지를 널리 알리고 통상 수교 거부 정책을 강화하기 위해서이다.

4 (2)

5 을미사변

6 예 농민들도 의병 운동에 적극적으로 참여하면서 신돌석과 같은 평민 출신 의병장들이 등장했다.

7 예 비밀 연락망을 조직해 국내의 독립운동을 지휘했다. / 독립 자금을 모았다. / 다른 나라와 외교 활동을 했다. / 한인 애국단을 조직해 일제에 무력으로 저항했다. / 여러 지역의 독립군을 모아 한국광복군을 만들어 일본과의 전쟁을 준비했다. / 3·1 운동의 정신을 바탕으로 주권이 국민에게 있음을 밝히고 민주주의 정치 체제를 갖췄다.

8 ㉠ 신채호

㉡ 예 우리글의 가치를 알리고자 한글을 보급하고 사전을 편찬하는 데 힘썼음.

9 38도선

10 ㉡-㉢-㉣-㉤-㉠

11 (1)-㉡ (2)-㉠

12 예 국군과 국제 연합군뿐만 아니라 많은 민간인이 다치거나 죽었다. / 수많은 이산가족과 전쟁고아가 생겨났다. / 건물, 도로, 철도, 다리 등이 파괴되어 국토가 황폐해졌다. / 피란을 가지 못한 사람 중 점령군이 바뀔 때마다 국군이나 북한군에게 도움을 줬다는 이유로 죽거나 고통을 당하는 사람들도 있었다.

[1] **평가 목표 :** 정조가 추진한 개혁 정책의 내용을 제시할 수 있습니다.

1 정조는 규장각을 설치하고 이곳에서 젊은 학자

들이 나랏일과 관련된 여러 학문을 연구하게 했습니다.

[2] 평가 목표 : 서민 문화의 종류를 알고, 서민 문화가 발달한 배경을 서술할 수 있습니다.

2 조선 후기 경제적 여유가 생긴 사람들이 늘어나면서 양반뿐만 아니라 일반 백성도 참여할 수 있는 문화가 발달했는데, 이를 서민 문화라고 부릅니다.

채점 기준
'조선 후기에 농업 생산력이 높아지고 상공업이 발달하면서 경제적 여유가 생긴 사람들이 문화 활동과 예술 활동에도 관심을 기울였기 때문에 서민 문화가 발달했다.'라고 바르게 썼다.

[3] 평가 목표 : 흥선 대원군이 서양의 침략에 맞서 싸운 후, 척화비를 세운 까닭을 서술할 수 있습니다.

3 흥선 대원군은 한양과 전국 각지에 척화비를 세우고 통상 수교 거부 정책을 강화했습니다.

[4] 평가 목표 : 급진 개화파와 온건 개화파의 주장을 구분할 수 있습니다.

4 (1)은 김홍집을 비롯한 온건 개화파, (2)는 김옥균을 비롯한 급진 개화파의 주장입니다. 급진 개화파가 갑신정변을 일으켰습니다.

[5] 평가 목표 : 을미사변을 제시할 수 있습니다.

5 일제가 명성 황후를 시해하는 을미사변을 일으키자 정조는 러시아 공사관으로 피했고, 백성들은 의병 운동을 일으켰습니다.

[6] 평가 목표 : 일제의 침략에 저항한 항일 의병 운동의 시기별 특징을 구분할 수 있습니다.

6 을사늑약이 강제로 체결되자 전국적으로 의병 운동이 일어났으며, 평민들도 의병 운동에 적극적으로 참여했습니다.

[7] 평가 목표 : 대한민국 임시 정부의 활동을 서술할 수 있습니다.

7 3·1 운동을 계기로 수립된 대한민국 임시 정부는 독립운동의 중심 기구 역할을 했습니다.

[8] 평가 목표 : 1930년대 이후, 민족정신을 지키려는 독립운동가들의 노력을 설명할 수 있습니다.

8 1930년대 이후 일제가 우리나라의 민족정신을 훼손하려 하자 우리 민족은 민족정신을 지키려는 노력을 했습니다.

[9] 평가 목표 : 남북 분단의 시작이 된 38도선을 제시할 수 있습니다.

9 광복 이후 한반도에 들어온 미군과 소련군이 38도선을 경계로 주둔하면서 한반도 분단이 시작되었습니다.

[10] 평가 목표 : 광복 이후, 대한민국 정부의 수립 과정을 시간 순서대로 설명할 수 있습니다.

10 광복 이후 모스크바 3국 외상 회의에서 미소 공동 위원회의 협의를 거쳐 한반도에 임시 정부를 수립하기로 했습니다. 그러나 미국과 소련의 갈등으로 미소 공동 위원회가 결렬되자 국제 연합에서 우리나라의 정부 수립 문제를 논의하게 되었습니다. 이후 5·10 총선거를 거쳐 제헌 국회가 구성되었고, 제헌 국회에서 헌법을 공포했습니다. 이후 대통령으로 선출된 이승만은 대한민국 정부 수립을 선포했습니다.

[11] 평가 목표 : 광복 이후, 정부 수립 문제에 대한 김구와 이승만의 주장을 구분할 수 있습니다.

11 김구는 남북한 통일 정부를 수립해야 한다고 생각했으며, 이승만은 남한에서만이라도 정부를 수립해야 한다고 생각했습니다.

[12] 평가 목표 : 6·25 전쟁이 남긴 결과를 서술할 수 있습니다.

12 6·25 전쟁은 남북한 모두에게 잊지 못할 상처를 남겼습니다.

채점 기준
'국군과 국제 연합군뿐만 아니라 많은 민간인이 다치거나 죽었다. / 수많은 이산가족과 전쟁고아가 생겨났다. / 건물, 도로, 철도, 다리 등이 파괴되어 국토가 황폐해졌다. / 피란을 가지 못한 사람 중 점령군이 바뀔 때마다 국군이나 북한군에게 도움을 줬다는 이유로 죽거나 고통을 당하는 사람들도 있었다.' 중 한 가지를 바르게 썼다.

3. 오늘날 우리나라의 정치·경제 발전

116~117쪽

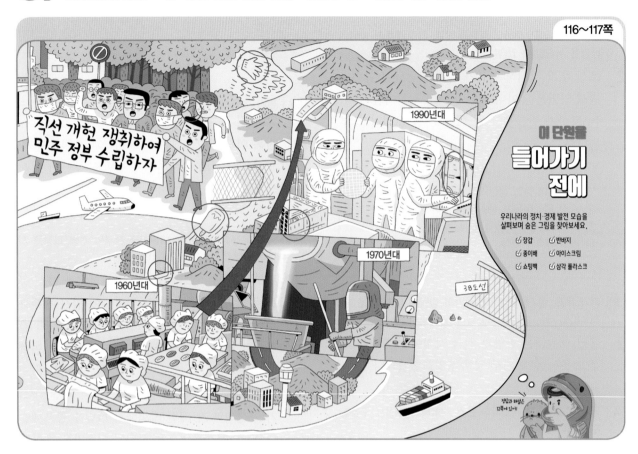

| 그림 설명 |

• 시민들이 민주화 시위를 하는 모습 → [118~125쪽 **38** 민주주의를 지킨 시민들, 4·19 혁명 ~ **40** 민주주의를 지킨 시민들, 6월 민주 항쟁] 4·19 혁명, 5·18 민주화 운동, 6월 민주 항쟁을 이해하고 시민들의 정치 참여로 민주주의가 발전할 수 있다는 것을 알 수 있습니다.

• 1960년대 의류 등을 생산하는 경공업 발달 모습 → [130~131쪽 **43** 6·25 전쟁 이후~1960년대, 성장한 산업은? 경공업] 우리나라의 기업은 정부의 경제 개발 계획에 따라 섬유, 신발, 가방, 의류 등과 같은 경공업 제품을 만들어 수출하며 성장했습니다.

• 1970년대 철강 및 석유 화학 산업 발달 모습 → [132~133쪽 **44** 1970년대 이후, 성장한 산업은? 중화학 공업] 제품을 만드는 데 필요한 대부분의 재료를 다른 나라에서 수입하는 문제를 개선하고자 정부에서는 철강 산업과 석유 화학 산업을 빠르게 발전시켰습니다.

• 법원에서 재판을 하는 모습 → [134~135쪽 **45** 1990년대 이후, 성장한 산업은? 컴퓨터/반도체 → 정보 통신 → 첨단/서비스] 1970년대부터 반도체를 연구하기 시작했던 우리나라 기업들을 꾸준한 노력으로 1990년대에는 세계적으로 성능이 뛰어난 반도체를 생산할 수 있게 되었습니다.

1 22　　　　**2** ③

3 2

1 이승만 정부의 독재 정치와 3·15 부정 선거를 배경으로 일어난 사건은 4·19 혁명입니다. 이승만 정부는 1960년 3월 15일에 시행된 정부통령 선거에서 이기려고 부정 선거를 실행했습니다. ㉠은 4, ㉡은 3, ㉢은 15로 4+3+15는 22입니다.

더 알기 3·15 부정 선거

이승만 정부는 1960년 3월 15일 정부통령 선거에서 이기기 위해 부정 선거를 계획했습니다. 그래서 유권자에게 돈이나 물건을 주는 방법, 투표한 용지를 태워 없애거나 조작된 투표용지를 넣은 투표함으로 바꾸는 방법을 동원해 선거에서 이겼습니다. 이러한 3·15 부정 선거는 4·19 혁명의 배경이 되었습니다.

2 ③은 유신 헌법 공포식 사진으로, 4·19 혁명과는 관련이 없는 내용입니다. 1972년 10월, 박정희 대통령이 공포한 유신 헌법에는 대통령을 할 수 있는 횟수를 제한하지 않았으며, 대통령 직선제를 간선제로 바꾼 내용이 포함되어 있습니다.

3 ❷ 시민들이 국민 투표로 새 정부를 세울 것을 요구하자, 군인들은 이를 받아들였어요.(×) → 시민들이 이전 헌법을 새로 고치고 국민 투표로 새 정부를 세울 것을 요구하였으나 정변을 일으킨 군인들은 이러한 요구를 무시하고 국민을 탄압했어요.

❸ 계엄군은 비폭력적인 방법으로 시민들과 학생들의 시위를 진압했어요.(×) → 계엄군은 시민들과 학생들을 향해 총을 쏘며 폭력적으로 시위를 진압했어요.

❻ 시민들은 어려움에 처한 이웃을 무시하고 도와주지 않았어요.(×) → 시민들은 어려움에 처한 이웃을 서로 돕는 등 힘든 상황을 함께 헤쳐 나가려고 노력했어요.

8 세계 여러 나라의 민주화 운동에 영향을 받았어요.(×) → 5·18 민주화 운동은 세계 여러 나라의 민주화 운동에 영향을 주었어요.

1 ㉢ → ㉣ → ㉡ → ㉠

2 ㉠ 민주화 ㉡ 직선제

3 ③　　　　**4** 문빈

1 6월 민주 항쟁은 '㉢ 대학생 박종철이 강제로 경찰에 끌려가 고문을 받다가 사망하는 사건이 발생했습니다. → ㉣ 전두환 정부가 헌법을 바꿔야 한다는 국민의 요구를 받아들이지 않겠다고 발표했습니다. → ㉡ 시위 과정에서 대학생 이한열이 경찰이 쏜 최루탄에 맞아 사망했습니다. → ㉠ 시민들과 학생들은 전두환 정부의 독재에 반대하고 대통령 직선제를 요구하며 전국 곳곳에서 시위를 벌였습니다.'의 순서로 일어났습니다.

2 6월 민주 항쟁의 결과, 당시 여당 대표가 대통령 직선제를 포함한 6·29 민주화 선언을 발표했습니다. 6·29 민주화 선언은 대통령 직선제, 언론의 자유 보장, 지방 자치제 시행, 지역감정 없애기 등의 내용을 담고 있습니다.

더 알기 대통령 직선제

의미	국민이 직접 대통령을 뽑는 제도
시행	6월 민주 항쟁의 결과, 6·29 민주화 선언이 발표되었고, 그에 따라 1987년 제13대 대통령 선거가 직선제로 시행되었음.

3 지역의 주민이 직접 선출한 지방 의회 의원과 지방 자치 단체장이 그 지역의 일을 처리하는 제도는 지방 자치제, 대통령을 국민이 직접 선거로 뽑는 제도는 대통령 직선제입니다. 주민 소환제는 주민이 직접 선출한 의원이나 단체장이 직무를 잘 수행하지 못했을 때 주민들이 투표로 그들을 자리에서 물러나게 하는 제도입니다. 그러므로 중기와 아인, 방찬과 은빈, 승민과 연우가 짝이 되어야 합니다.

4 문빈이가 고른 구슬에 적힌 대규모 무력 집회는 6월 민주 항쟁까지 시민들이 사회 공동의 문제를 해결하기 위해 참여했던 방식으로, 오늘날 사회 공동의 문제 해결에 참여하는 모습이 아닙니다.

재미있는 **개념 퀴즈!**   136~137쪽

1 ⑩   **2** ㉢

3 컴퓨터첨단

4 ④ → ② → ③ → ① → ⑤

1 1960년대 우리나라는 선진국에 비해 자원과 기술이 부족했지만 노동력이 풍부했기 때문에, 기업은 많은 노동력이 필요한 제품을 낮은 가격으로 생산해 수출하면서 빠르게 성장했습니다.

2 ㉢ 1970년대 이후 중화학 공업이 발달함에 따라 우리나라의 산업 구조는 경공업에서 중화학 공업 중심으로 바뀌었습니다.

3

컴	종	화
장	퓨	첨
단	학	터

1990년대에 컴퓨터와 가전제품의 생산이 늘어나면서 핵심 부품인 반도체의 중요성이 커졌습니다. 또, 2000년대 이후부터는 고도의 기술이 필요한 첨단 산업과 사람들에게 즐거움을 주고 삶을 편리하게 해 주는 다양한 서비스 산업이 빠르게 발달하고 있습니다.

4 조개껍데기는 ④ 1960년대에 발달한 의류 산업 → ② 1970년대에 발달한 철강 산업 → ③ 1980년대에 발달한 자동차 산업 → ① 1990년대에 발달한 반도체 산업 → ⑤ 2000년대에 발달한 로봇 산업 순으로 꿰어야 합니다.

더 알기 우리나라의 시대별 경제 성장

6·25 전쟁 직후	식료품 공업, 섬유 공업 등의 소비재 산업 발달
1960년대	신발, 가발, 의류 산업 등 경공업 발달
1970년대	철강, 석유 화학, 기계, 조선 산업 등의 중화학 공업 발달
1980년대	자동차, 기계, 전자 산업 등의 중화학 공업 발달
1990년대	컴퓨터, 반도체 산업이 발달하기 시작했고, 1990년대 후반부터 전국에 초고속 정보 통신망을 만들었음.
2000년대 이후	• 생명 공학, 우주 항공, 신소재, 로봇 산업 등의 첨단 산업 발달 • 문화 콘텐츠, 의료 서비스, 관광 산업 등의 서비스 산업 발달

재미있는 **개념 퀴즈!**   142~143쪽

1 민수, 엄마   **2** ㉠ 국방비 ㉡ 철도

3 1, 2, 4, 6

1 • 아빠: 국방비로 너무 적은 비용을 사용하는 것 같아.(×) → 남북이 분단되어 국방비로 쓰이는 비용이 너무 많아.
   • 누나: 남북한 사람들이 쓰는 언어가 같아 남한과 북한 사람을 구분할 수 없어요.(×) → 남북한 사람들은 예전에는 같은 언어를 사용하고 같은 역사와 문화를 공유했지만, 분단으로 언어와 문화가 달라졌어요.

2 우리나라는 광복 이후 남과 북에 서로 다른 정부가 수립되었고, 6·25 전쟁을 겪으면서 남한과 북한이 분단된 상태입니다. 남한과 북한이 통일된다면 남북 분단으로 인한 이산가족의 아픔, 국방비 과다로 인한 경제적 손실 등의 어려움이 해소되고 경제적으로도 많은 이점이 있습니다.

3 • 3번 버스 – 남북 정상 회담은 이루어지지 않았어.(×) → 남북 정상 회담은 여러 차례 이루어졌어.
   • 5번 버스 – 1960년부터 모든 올림픽에 남북한 단일팀으로 출전했지.(×) → 2018년 평창

동계 올림픽 대회에 남북 선수단이 단일팀으로 출전했지.

개념 잡는 **생각 그물!** 144~145쪽

❶ 부정 선거 ❷ 5·18 민주화
❸ 직선제 ❹ 투표 ❺ 경공업
❻ 조선 ❼ 첨단 ❽ 이산가족
❾ 국방비 ❿ 개성 공단

개념 잡는 **수행 평가!** 146~147쪽

1 (다) → (나) → (가)

2 (가) 예 전두환 정부는 신문과 방송을 통제해 국민들의 알 권리를 막았으며, 민주주의를 요구하는 사람들을 탄압했다.

(나) 예 전두환이 중심이 된 군인들이 정변을 일으키고 민주화 운동을 탄압했다.

(다) 예 이승만 정부가 독재 정치를 하고 3·15 부정 선거를 저질렀다.

3 예 우리나라의 민주주의 발전에 이바지했다. / 우리나라의 대표적인 민주화 운동이다. / 시민의 정치 참여 중요성을 잘 보여 준다.

4 (라) → (나) → (바) → (마) → (다) → (가)

5 (1) (나) (2) (마), (바)

6 예 북한의 풍부한 자원과 남한의 높은 기술력을 이용하면 경쟁력 있는 제품을 만들 수 있다.

[1~3] 평가 목표 : 우리나라의 민주주의 발전 과정에서 일어난 사건에 대해 설명할 수 있습니다.

1 (다) 4·19 혁명은 1960년에, (나) 5·18 민주화 운동은 1980년에, (가) 6월 민주 항쟁은 1987년에 일어난 사건입니다.

2 4·19 혁명, 5·18 민주화 운동, 6월 민주 항쟁은 나라의 주인인 국민이 국민의 뜻을 거스르는 독재 정권에 맞서 싸운 사건입니다.

채점 기준
'(가) 전두환 정부는 신문과 방송을 통제해 국민들의 알 권리를 막았으며, 민주주의를 요구하는 사람들을 탄압했다. (나) 전두환이 중심이 된 군인들이 정변을 일으키고 민주화 운동을 탄압했다. (다) 이승만 정부가 독재 정치를 하고 3·15 부정 선거를 저질렀다.'라고 모두 바르게 썼다.

3 수많은 시민들과 학생들이 4·19 혁명, 5·18 민주화 운동, 6월 민주 항쟁에 참여해 우리나라의 민주주의를 지키기 위한 노력을 했습니다.

채점 기준
'우리나라의 민주주의 발전에 이바지했다. / 우리나라의 대표적인 민주화 운동이다. / 시민의 정치 참여의 중요성을 잘 보여 준다.' 중 한 가지를 바르게 썼다.

[4~5] 평가 목표 : 우리나라의 경제 성장 모습을 순서대로 정리해 보고, 발달한 공업을 설명할 수 있습니다.

4 (라) 농업은 1960년대 이전에, (나) 의류 산업은 1960년대에, (바) 석유 화학 산업은 1970년대에, (마) 자동차 산업은 1980년대에, (다) 반도체 산업은 1990년대에, (가) 로봇 산업은 2000년대 이후에 발달하였습니다.

5 경공업은 식료품, 섬유, 종이 등 비교적 가벼운 물건을 만드는 산업이고, 중화학 공업은 철, 배, 자동차 등 무거운 제품이나 플라스틱, 고무 제품, 화학 섬유 제품을 생산하는 산업입니다.

[6] 평가 목표 : 남북통일이 필요한 까닭을 경제적인 측면에서 설명할 수 있습니다.

6 남북 분단으로 남한과 북한은 자원을 효율적으로 이용하지 못해 여러 가지 경제적 손실을 입고 있습니다.

채점 기준
'북한의 풍부한 자원과 남한의 높은 기술력을 이용하면 경쟁력 있는 제품을 만들 수 있다.'라고 바르게 썼다.

더 알기 남북통일의 경제적 이득

국방비 절감	국방비가 줄었기 때문에 남은 비용을 삶의 질을 높이는 곳에 사용할 수 있음.
북한의 풍부한 지하자원 활용	북한의 자원과 남한의 기술력을 이용하면 경쟁력 있는 제품을 만들 수 있음.
철도를 이용한 교류 확대	철도를 이용해서 외국과 더욱 활발하게 교류할 수 있음.

1. 옛사람들의 삶과 문화

1 ⑤

2 📝 한강 유역을 차지했다. / 대가야를 흡수하고 가야 연맹을 소멸시켰다. / 신라의 영토 경계를 알려 주고자 네 개의 비석을 세웠다.

3 ㉢-㉠-㉡-㉣   **4** ⑤

5 ③, ④   **6** ㉠, ㉡   **7** ②

8 ③   **9** ⑤   **10** ④

11 ⑤

12 📝 부처의 힘으로 몽골의 침입을 이겨 내기 위해서이다.

13 『직지심체요절』   **14** ④

15 유교   **16** ㉢, ㉣   **17** ③

18 ③

19 (1) 이순신 (2) 📝 조선 수군이 남해를 찾고 전라도와 충청도의 곡창 지대를 지킬 수 있었다. / 바다로 물자를 보급하려던 일본군이 전략을 펼치는 데 어려움을 겪으며 북쪽으로 쉽게 나아갈 수 없었다.

20 ④

---

1 ⑤ 고조선의 건국 이야기를 통해 알 수 있는 사실입니다.

2 진흥왕은 영토를 크게 넓힌 후, 신라의 영토 경계를 알려 주고자 네 개의 비석을 세웠습니다.

> **채점 기준**
> '한강 유역을 차지했다. / 대가야를 흡수하고 가야 연맹을 소멸시켰다. / 신라의 영토 경계를 알려 주고자 네 개의 비석을 세웠다.' 중 두 가지 이상을 바르게 썼다.

3 신라는 당과 동맹을 맺고 백제와 고구려를 멸망시켰습니다. 이후 당이 한반도 전체를 차지하려 하자 당과 전쟁을 벌여 당을 물리치고 삼국 통일을 이루었습니다.

4 ⑤ 발해는 스스로 고구려를 계승한 나라임을 내세웠습니다.

5 ①, ②는 백제의 문화유산입니다.

6 신라는 불교를 받아들인 이후에 백성들의 힘을 하나로 모으고 왕의 권위를 세우려고 불교를 정치에 적극적으로 이용했습니다.

7 신라의 수도 경주에 세워진 석굴암은 화강암을 쌓아 올려 동굴처럼 만든 절입니다.

8 ③ 왕건은 정치를 안정시키려고 호족을 적절히 견제하되 존중하면서 나라를 다스렸습니다.

9 서희의 담판으로 고려는 송과 관계를 끊고 거란과 교류할 것을 약속했습니다. 그리고 압록강 동쪽의 강동 6주를 차지하게 되었습니다.

10 강화도는 물살이 매우 빠르고 갯벌이 넓어 몽골군이 침략하기 어려운 지역이었기 때문에, 고려는 도읍을 개경에서 강화도로 옮기고 몽골과 싸웠습니다.

11 ⑤ 청자는 만들기가 어렵고 가치가 높은 제품이라 왕실과 귀족들이 주로 사용했습니다.

12 몽골의 침입으로 초조대장경이 불에 타 없어지자 고려는 부처의 힘으로 몽골의 침입을 이겨 내고자 대장경을 다시 만들었는데, 이를 팔만대장경(재조대장경)이라고 부릅니다.

> **채점 기준**
> '부처의 힘으로 몽골의 침입을 이겨 내기 위해서이다.' 라고 바르게 썼다.

13 1377년 금속 활자로 인쇄된 『직지심체요절』은 불교의 가르침 중에서 깨달음에 관한 내용을 정리한 책으로 현재는 하권만 전해집니다.

14 조선은 '⑤ → ① → ④ → ② → ③'의 순서로 건국되었습니다.

15 한양의 사대문은 유교에서 사람이 마땅히 갖춰 야 할 다섯 가지의 덕목인 인의예지신에서 이름 을 땄습니다.

16 앙부일구는 해시계, 자격루는 물시계입니다.

17 제시된 과학 기구들은 세종 때 제작된 것입니 다. ③은 태조 이성계가 한 일입니다.

18 자료는 중인이 한 일입니다. 조선 시대에는 태 어날 때부터 신분이 정해져 있어 크게 양인과 천 인으로 나뉘었는데, 양인은 양반, 중인, 상민으 로 구분되었습니다.

19 전라좌도 수군 절도사였던 이순신은 임진왜란 당 시 일본 수군과의 모든 전투에서 승리했습니다.

채점 기준
(1) '이순신'을 쓰고, (2) '조선 수군이 남해를 찾고 전라 도와 충청도의 곡창 지대를 지킬 수 있었다. / 바다로 물자를 보급하려던 일본군이 전략을 펼치는 데 어려움 을 겪으며 북쪽으로 쉽게 나아갈 수 없었다.' 중 한 가지 를 바르게 썼다.

20 병자호란의 결과 조선과 청은 신하와 임금의 관 계를 맺었고, 소현 세자와 봉림 대군 그리고 많 은 대신과 백성이 청에 인질로 끌려갔습니다.

1 ㉠ ⑩ 농업을 중요하게 생각했다.

㉡ ⑩ 곰을 섬기는 부족과 호랑이를 섬기는 부 족이 환웅 부족과 함께하기를 원했다.

㉢ ⑩ 곰을 섬기는 부족이 환웅 부족과 연합 했다.

2 ⑤   **3** ①   **4** 해동성국
5 ①   **6** ③   **7** ④
8 ㉡-㉠-㉢-㉣   **9** 귀주 대첩
10 ⑤

11 ⑩ 귀족들의 문화가 화려했다. / 다양한 생활 용품을 가치가 높은 청자로 만들어 사용했다는 사실에서 당시 귀족들의 화려하면서도 사치스 러운 모습을 짐작할 수 있다.

12 ③   **13** ㉠, ㉡   **14** ⑤
15 정모, 진혁   **16** ②   **17** ③
18 ②

19 ⑩ 바다에서 이순신이 이끄는 조선 수군이 일 본 수군을 막아 냈다. / 육지에서 의병이 활약 했다. / 명의 군대가 참전해 조선을 도왔다.

20 중립 외교

1 고려 시대에 일연이 쓴 『삼국유사』에 고조선의 건국 이야기가 기록되어 있습니다.

채점 기준
㉠ '농업을 중요하게 생각했다.'와 ㉡ '곰을 섬기는 부 족과 호랑이를 섬기는 부족이 환웅 부족과 함께하기를 원했다.'와 ㉢ '곰을 섬기는 부족이 환웅 부족과 연합했 다.'를 모두 바르게 썼다.

2 ①은 고구려 장수왕, ②는 고구려 광개토 대왕, ③은 백제 근초고왕, ④는 신라 진흥왕의 업적 입니다.

3 삼국은 다른 나라들과 활발하게 교류하고 서로 영향을 주고받았습니다. ① 발해 기와의 연꽃무 늬는 발해가 고구려의 영향을 받았음을 보여 주 는 문화유산입니다.

4 발해는 고구려 유민이었던 대조영이 고구려 유민들과 말갈족을 이끌고 동모산 지역에 세운 나라입니다.

5 자료의 문화유산은 백제 역사 유적 지구에 있습니다. 백제의 옛 도읍지들이 있던 지역인 공주시, 부여군, 익산시의 유적지들을 묶어 '백제 역사 유적 지구'라고 합니다.

6 ③ 가야 문화와 관련된 역사 기록이 많이 남아 있지 않아서, 가야의 고분에서 출토된 문화유산을 통해 가야 문화를 이해하고 있습니다.

7 불국사에는 삼층 석탑(석가탑)과 다보탑, 청운교와 백운교, 연화교와 칠보교 등 많은 불교 유산이 있습니다.

8 궁예의 신하였던 왕건은 궁예를 몰아내고 고려를 세웠습니다. 이후 신라와 후백제를 차례로 통합하고 후삼국을 통일했습니다.

9 거란의 3차 침입 당시 강감찬이 이끄는 고려군이 거란군을 귀주에서 크게 물리친 사건을 귀주 대첩이라고 합니다.

10 고려의 왕과 일부 신하는 전쟁을 멈추는 조건으로 개경으로 돌아갔지만, 삼별초는 근거지를 진도와 탐라(제주)로 옮겨 가며 몽골에 끝까지 저항했습니다.

11 청자는 만들기가 어렵고 가치가 높은 제품이라 왕실과 귀족들이 주로 사용했습니다.

채점 기준
'귀족들의 문화가 화려했다. / 다양한 생활용품을 가치가 높은 청자로 만들어 사용했다는 사실에서 당시 귀족들의 화려하면서도 사치스러운 모습을 짐작할 수 있다.' 중 한 가지를 바르게 썼다.

12 ③ 팔만대장경판은 현재 합천 해인사 장경판전에 보관되어 있습니다.

13 ㉢, ㉣은 목판 인쇄술의 특징입니다.

14 ⑤ 신진 사대부의 일부가 신흥 무인 세력과 손잡고 고려 사회의 문제를 해결하고자 했습니다.

15 조선이 한양을 도읍으로 삼은 것은 삼국 시대부터 교통이 편리하고 지리적으로 많은 이점이 있었기 때문입니다.

16 세종은 백성들이 글을 몰라 자신의 뜻을 제대로 전달하는 데 어려움을 겪자 이를 해결하기 위해 훈민정음을 만들었습니다.

17 ③ 오늘날까지 전해지는 조선 시대의 혼인이나 장례, 제사 문화는 유교의 영향을 받았습니다.

18 ①은 양반, ③은 중인, ④, ⑤는 천민의 생활 모습입니다.

19 임진왜란 초기 조선은 전쟁 준비 부족으로 어려움을 겪었지만, 이순신을 비롯한 관군, 곽재우를 비롯한 전국 각지의 의병과 승병, 그리고 백성이 힘을 합해 전쟁을 극복할 수 있었습니다.

채점 기준
'바다에서 이순신이 이끄는 조선 수군이 일본 수군을 막아 냈다. / 육지에서 의병이 활약했다. / 명의 군대가 참전해 조선을 도왔다.' 중 한 가지를 바르게 썼다.

20 중립 외교란 한 나라에 치우치지 않고 각 나라에 같은 중요도를 두는 외교입니다.

2. 사회의 새로운 변화와 오늘날의 우리

1회   162~165쪽

1 ①, ②   **2** ④   **3** ③

4 📝 서양과 교류하지 않겠다는 의지를 널리 알리고 통상 수교 거부 정책을 강화하기 위해서이다.

5 강화도 조약   **6** ④

7 ⑤   **8** ㉠, ㉢   **9** ②

10 ③

11 (1) 토지 조사 사업

(2) 📝 한국인 농민들이 땅을 잃기도 했다. / 일제가 토지 소유자들에게 세금을 더 많이 거둬들여 한국인을 억압하는 데 사용했다.

12 ③   **13** ③

14 조선어 학회   **15** ㉠, ㉢

16 ㉢－㉡－㉢－㉠   **17** ①

18 ①, ④   **19** ②

20 📝 국토가 황폐해졌음. / 건물, 도로, 철도, 다리 등이 파괴되어 복구하는 데 많은 시간과 비용이 들었음.

---

1 영조와 정조는 탕평책을 펼쳐 왕권을 강화하고 정치를 안정시키고자 했습니다.

2 ④ 상업과 공업에 관심을 두었던 실학자는 청의 문물을 받아들여 백성의 삶을 풍요롭게 하는 데 이용하자고 주장했습니다.

3 탈놀이는 공연하는 사람이 인물에 맞는 탈을 쓰고서 하는 연극이나 춤입니다.

4 서양 세력의 침략을 두 차례 물리친 후, 흥선 대원군은 한양과 전국 각지에 척화비를 세웠습니다.

채점 기준
'서양과 교류하지 않겠다는 의지를 널리 알리고 통상 수교 거부 정책을 강화하기 위해서이다.'라고 바르게 썼다.

5 강화도 조약 이후 조선은 서양의 다른 나라들과도 조약을 맺어 교류를 시작했습니다.

6 김옥균을 중심으로 한 사람들이 우정총국 개국 축하 잔치를 틈타 정변을 일으켰는데, 이를 갑신정변이라고 합니다.

7 ③은 (가) 시기 이전에 있었던 일이고, ①, ②, ④는 (나) 시기 이후에 있었던 일입니다.

8 독립 협회는 자주독립 의식을 고취하고자 독립문을 세웠고, 만민 공동회를 열어 누구나 사회의 문제에 대해 자신의 생각을 말할 수 있게 했습니다. ㉡은 일제, ㉢은 고종이 한 일입니다.

9 을사늑약의 체결로 대한 제국은 외교권을 빼앗겨 더 이상 스스로 다른 나라와 교류하지 못하게 되었습니다.

10 안중근은 이토 히로부미가 만주에 온다는 소식을 듣고 1909년에 하얼빈역에서 그를 저격했습니다.

11 조선 총독부는 토지의 소유자를 확인한다는 명분으로 토지 조사 사업을 실시했습니다.

채점 기준
(1) '토지 조사 사업'을 쓰고, (2) '한국인 농민들이 땅을 잃기도 했다. / 일제가 토지 소유자들에게 세금을 더 많이 거둬들여 한국인을 억압하는 데 사용했다.' 중 한 가지를 바르게 썼다.

12 ③ 3·1 운동은 전국적으로 퍼져 나갔고, 국외에서도 만세 시위가 일어났습니다.

13 ③ 봉오동 전투는 홍범도가 이끈 독립군이 전개했고, 청산리 대첩은 김좌진과 홍범도 등이 이끈 독립군이 전개했습니다.

14 일제가 강압적으로 식민 통치를 하는 중에도 독립운동가들은 우리의 것을 지키고 나라를 되찾으려고 다양한 노력을 기울였습니다.

15 우리 민족의 독립을 위한 끊임없는 노력과 제2차 세계 대전에서 거둔 연합국의 승리로 우리나라는 1945년 8월 15일에 광복을 맞이했습니다.

16 한반도에 미군과 소련군이 주둔하여 서로 대립하면서 분단이 시작되었습니다. 모스크바 3국 외상 회의 이후, 회의 결과를 둘러싸고 국내 정치 세력이 갈등했습니다. 이후 남한에서만 5·10 총선거가 실시되어 대한민국 정부를 수립하자, 북한도 정부 수립을 선포하여 남북한에 각기 다른 정부가 들어서게 되었습니다.

17 김구는 자주독립적 통일 정부의 수립을 주장했습니다.

18 5·10 총선거의 결과 구성된 제헌 국회는 헌정 사상 최초로 구성된 의회로서 헌법을 제정했기 때문에 '제헌 국회'라고 합니다.

19 지도는 중국군의 개입 이후의 정세를 보여 줍니다. 중국군이 압록강을 넘어 전쟁에 개입하면서 국군과 국제 연합군은 다시 후퇴했습니다.

20 6·25 전쟁은 남북한 모두에게 잊지 못할 상처를 남겼습니다.

채점 기준
'국토가 황폐해졌음. / 건물, 도로, 철도, 다리 등이 파괴되어 복구하는 데 많은 시간과 비용이 들었음.' 중 한 가지를 바르게 썼다.

1 ①　　　　**2** 『대동여지도』

3 ⓔ 한글을 익힌 사람들이 늘어나고, 책을 읽어 주는 사람들이 생겨났다.

4 ②, ③　　　　**5** ㉣-㉡-㉢-㉠

6 ③　　　　**7** ㉠, ㉢, ㉣　　**8** ①

9 ⓔ 대한 제국이 중국과의 사대 관계를 청산하고 서양의 여러 나라들과 일제의 간섭에서 벗어난 자주독립국임을 상징적으로 보여 주기 위해서이다.

10 ⑤　　　　**11** ②　　　　**12** 유관순

13 ⑤　　　　**14** ⑤

15 ⓔ 국내에서 건국을 준비하는 단체가 만들어져 치안과 질서를 유지하고자 노력했다. / 대한민국 임시 정부가 건국의 원칙을 발표했다.

16 ㉡, ㉣　　　　**17** ①, ②　　**18** ④

19 ⓔ 국군과 국제 연합군이 인천 상륙 작전을 성공시켰다.

20 ④

---

1 ①은 영조가 한 일입니다.

2 『대동여지도』는 조선 시대의 여러 지도들 중에 가장 정확하고 상세하다고 평가받습니다.

3 한글을 익힌 사람들이 늘어나고 책을 읽어 주는 사람들이 생겨나면서 한글 소설이 널리 보급되었습니다.

채점 기준
'한글을 익힌 사람들이 늘어나고, 책을 읽어 주는 사람들이 생겨났다.'라고 바르게 썼다.

4 흥선 대원군은 경복궁을 다시 지으려고 농사철에 백성들을 동원해 그들의 생활을 힘들게 했습니다. 또 공사에 필요한 돈을 마련하려고 강제로 기부금을 걷는 등 무리한 정책을 펼쳐 백성들의 불만이 점점 높아졌습니다.

5 '② 병인양요 → ⓒ 신미양요 → ⓒ 척화비 건립 → ㉠ 강화도 조약 체결'의 순서로 전개되었습니다.

6 ③ 갑신정변은 일본의 힘에 의지했다는 한계를 가집니다.

7 ⓒ 동학 농민군은 일본에 협력하는 사람을 엄히 벌할 것을 주장했습니다.

8 일본은 대한 제국의 통치권을 빼앗는 데 명성 황후가 걸림돌이라 생각해 을미사변을 일으켰습니다.

9 고종은 러시아 공사관에서 경운궁(덕수궁)으로 돌아온 후 환구단에서 황제로 즉위했으며, 대한 제국을 선포했습니다.

채점 기준
'대한 제국이 중국과의 사대 관계를 청산하고 서양의 여러 나라들과 일제의 간섭에서 벗어난 자주독립국임을 상징적으로 보여 주기 위해서이다.'라고 바르게 썼다.

10 제시된 지도는 을미사변, 을사늑약 체결, 고종 강제 퇴위, 대한 제국 군대 해산 등에 반발하여 일어난 항일 의병 운동의 모습을 보여 줍니다.

11 ①, ④는 안창호, ③은 민영환, ⑤는 신돌석에 대한 설명입니다.

12 천안에서 독립 만세 운동을 벌인 유관순은 일제에 체포된 후 감옥에 갇혀서도 독립 만세를 외쳤습니다.

13 한인 애국단원 윤봉길은 상하이 홍커우 공원 의거를 일으켰습니다.

14 ⑤ 일제는 우리 이름을 일본식 성과 이름으로 바꾸게 했습니다.

15 독립운동가들은 광복 이전부터 건국을 준비했으나, 광복 직후 바로 정부를 세울 수 없었습니다.

채점 기준
'국내에서 건국을 준비하는 단체가 만들어져 치안과 질서를 유지하고자 노력했다. / 대한민국 임시 정부가 건국의 원칙을 발표했다.' 중 한 가지를 바르게 썼다.

16 모스크바 3국 외상 회의에서는 한반도에 임시 정부를 수립하고 정부가 수립되기 전에 최대 5년간 신탁 통치를 한다는 내용이 결정되었습니다.

17 대한민국 정부의 수립은 대한민국 임시 정부의 전통을 이었으며 우리 민족의 오랜 염원이었던 독립 정부를 수립했다는 점에서 역사적 의미가 있습니다.

18 6·25 전쟁은 'ⓒ 북한군의 남침 → ㉠ 국군·국제 연합군의 반격 → ② 중국군의 개입 → ⓒ 전선 고착·휴전'의 순서로 전개되었습니다.

19 인천 상륙 작전이 성공하자 국군과 국제 연합군은 평양을 비롯한 북한 지역의 대부분을 장악한 후 압록강까지 진격했습니다.

채점 기준
'국군과 국제 연합군이 인천 상륙 작전을 성공시켰다.'라고 바르게 썼다.

20 ④ 6·25 전쟁 초기에 서울이 북한군에 함락되었기 때문에 많은 피란민이 서울을 떠났습니다. 100만 명이나 되는 피란민들이 부산에 모여들어 부산의 인구가 크게 늘었습니다.

3. 오늘날 우리나라의 정치·경제 발전

1 ②　　　　　**2** ①

3 예 대통령을 할 수 있는 횟수를 제한하지 않았
　　 다. / 대통령 직선제를 간선제로 바꿨다.

4 ㉠, ㉣　　　　**5** ①, ④　　　　**6** 지방 자치제

7 ④

8 예 기업이 제품을 생산하고 운반해 수출할 수
　　 있도록 하기 위해서였다.

9 ㈎ 경공업 ㈏ 중화학 공업

10 ①, ③　　　**11** ⑤　　　**12** ②

13 ㉠, ㉡, ㉣　　**14** ③

15 (1)–㉡ (2)–㉠ (3)–㉢

---

1 ② 이승만 정부가 정부통령 선거에서 부정 선거
를 실행할 때 남성만 투표에 참여할 수 있게 하
지는 않았습니다.

2 3·15 부정 선거를 저지른 이승만 정부를 바로잡
기 위해 일어난 민주화 운동은 4·19 혁명입니
다. 그 결과, 이승만이 대통령 자리에서 물러났
고, 3·15 부정 선거는 무효가 되었습니다.

3 1972년 10월에 선포한 유신 헌법의 내용은 국민
의 권리를 대통령이 마음대로 제한할 수 있는 것
이어서 민주적이지 않았습니다.

채점 기준
'대통령을 할 수 있는 횟수를 제한하지 않았다. / 대통령 직선제를 간선제로 바꿨다.' 중 한 가지를 바르게 썼다.

4 ㉡ 전두환은 광주에서 일어난 일이 신문이나 방
송으로 알려지는 것을 막았습니다. ㉢ 5·18 민
주화 운동 당시 계엄군은 시민들과 학생들에게
총을 쏘며 진압했습니다.

5 6월 민주 항쟁 당시 시민들과 학생들은 전두환
정부의 독재에 반대하고 대통령 직선제를 요구
하며 전국 곳곳에서 시위를 벌였습니다.

6 지방 자치제가 실시됨에 따라 주민들은 지역의
문제를 스스로 해결하려고 의견을 제시하고, 지
역의 대표들은 주민들의 의견을 수렴해 여러 가
지 문제를 민주적으로 해결하고 있습니다.

7 오늘날 정보 통신 기술이 발달함에 따라 시민들
은 누리 소통망 서비스(SNS)를 활용해 사회의
여러 가지 문제에 대해 자신의 의견을 제시하기
도 합니다.

8 1960년대 정부는 기업이 제품을 생산하고 운반
해 수출할 수 있도록 항만, 발전소, 정유 시설,
고속 국도 등을 많이 건설했습니다.

채점 기준
'기업이 제품을 생산하고 운반해 수출할 수 있도록 하기 위해서였다.'라고 바르게 썼다.

9 우리나라에서 ㈎ 경공업은 1960년대에 주로 발
달했고, ㈏ 중화학 공업은 1970년대 이후부터
발달하기 시작했습니다.

10 1970년대에는 철강 산업, 조선 산업, 석유 화학
산업 등이 빠르게 발달하기 시작했습니다. ②는
1960년대, ④는 2000년대 이후, ⑤는 1990년
대에 발달하기 시작한 산업입니다.

11 ⑤ 우리나라는 1960년대까지 주로 많은 노동력
이 필요한 제품을 주로 수출하는 경공업이 발달
했습니다.

12 서비스 산업에는 문화 콘텐츠 산업, 의료 서비
스 산업, 관광 산업, 금융 산업 등이 있습니다.

13 남북 분단으로 우리나라는 이산가족의 아픔, 전
쟁에 대한 공포, 국방비 과다 사용으로 인한 경
제적 손실 등의 어려움을 겪고 있습니다.

14 ③ 우리나라가 통일이 되면 중국, 러시아를 지
나 유럽의 여러 나라까지도 육로로 갈 수 있어
교류가 더욱 활발해질 것입니다.

15 ㉠ 개성 공단 가동은 남북통일을 위한 경제적
노력, ㉡ 남북 정상 회담 개최는 정치적 노력,
㉢ 남북 예술단 합동 공연은 사회·문화적 노력
의 모습입니다.

1 ② → ⓒ → ⓒ → ㉠   **2** ③, ④

3 예 부당한 정권에 맞서 민주주의를 지키려는 시민들과 학생들의 의지를 보여 주었다. / 우리나라의 민주주의 발전에 밑거름이 되었다. / 세계 여러 나라의 민주화 운동에 영향을 주었다.

4 6월 민주 항쟁   **5** ⓒ, ⓒ, ②   **6** ②

7 ④   **8** ⑤

9 예 1960년대 우리나라는 선진국보다 자원과 기술은 부족했지만 노동력은 풍부했기 때문이다.

10 ①, ⑤   **11** ⑤

12 ⓒ → ⓒ → ② → ㉠

13 예 국방비가 줄어 남은 비용을 국민들의 삶의 질을 높이는 곳에 사용할 수 있다. / 북한의 풍부한 자원과 남한의 높은 기술력을 이용하면 경쟁력 있는 제품을 만들 수 있다. / 철도를 이용해서 외국과 더욱 활발하게 교류할 수 있다.

14 남북 기본 합의서   **15** 개성 공단

1 이승만 정부의 3·15 부정 선거에 대항해 일어난 4·19 혁명의 결과, 이승만이 대통령 자리에서 물러났습니다.

2 1972년 10월에 박정희가 선포한 유신 헌법에는 대통령을 할 수 있는 횟수를 제한하지 않고, 대통령 직선제를 간선제로 바꾸는 내용이 포함되어 있습니다.

3 5·18 민주화 운동을 기억하기 위해 5·18 민주화 운동이 일어난 5월 18일을 국가 기념일로 지정했습니다.

채점 기준
'부당한 정권에 맞서 민주주의를 지키려는 시민들과 학생들의 의지를 보여 주었다. / 우리나라의 민주주의 발전에 밑거름이 되었다. / 세계 여러 나라의 민주화 운동에 영향을 주었다.' 중 한 가지를 바르게 썼다.

4 6월 민주 항쟁은 우리 사회 여러 분야에서 민주적인 제도를 만들고 그것을 실천해 나갈 수 있게 한 중요한 사건이었습니다.

5 6·29 민주화 선언은 대통령 직선제, 지역감정 없애기, 지방 자치제 시행, 언론의 자유 보장 등의 내용을 담고 있습니다.

6 지방 자치제가 실시됨에 따라 주민들은 지역의 문제를 스스로 해결하려고 의견을 제시하고, 지역의 대표들은 주민들의 의견을 수렴해 여러 가지 문제를 민주적으로 해결하고 있습니다.

7 촛불 집회는 우리 사회 공동의 문제를 평화적으로 해결하는 방법 중 하나입니다.

8 ⑤ 1950년대에는 다른 나라의 도움을 받아 농업 중심의 산업 구조를 공업 중심의 산업 구조로 변화시키려고 노력했습니다.

9

채점 기준
'1960년대 우리나라는 선진국보다 자원과 기술은 부족했지만 노동력은 풍부했기 때문이다.'라고 바르게 썼다.

10 정부는 철강 산업과 석유 화학 산업이 제품을 생산하는 데 필요한 재료를 만드는 산업이라 더 빨리 발전시켰습니다.

11 우리나라는 '1960년대(의류 산업) → 1970년대(철강·조선 산업) → 1980년대(자동차 산업) → 1990년대(반도체·정보 통신 산업) → 2000년대 이후(첨단·서비스 산업)'의 순서로 발달했습니다.

12 ㉠은 2000년대, ⓒ은 1960년대, ⓒ은 1970년대, ②은 1980년대에 발달한 산업입니다.

13 남북통일이 된다면 남북한의 자원을 효율적으로 사용할 수 있으며, 한반도의 지리적 장점을 살려 나라를 발전시킬 수 있습니다.

채점 기준
'국방비가 줄어 남은 비용을 국민들의 삶의 질을 높이는 곳에 사용할 수 있다. / 북한의 풍부한 자원과 남한의 높은 기술력을 이용하면 경쟁력 있는 제품을 만들 수 있다. / 철도를 이용해서 외국과 더욱 활발하게 교류할 수 있다.' 중 한 가지를 바르게 썼다.

14 1970년대 들어 남북 교류의 움직임이 나타났고, 1991년에 남북 기본 합의서가 채택되었습니다.

15 개성 공단의 가동은 남북통일을 위한 경제적 노력의 모습입니다.

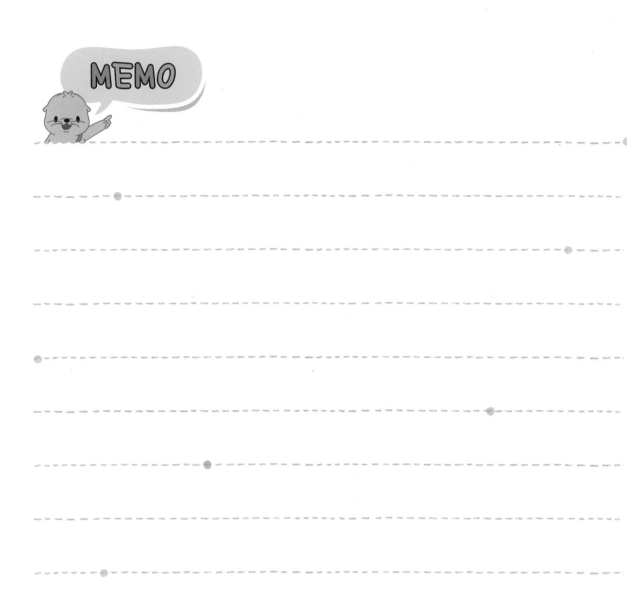

동화와 실험으로
재미있게 익히는 **초등과학**

- 초등 과학 교과서 집필진들이 만든 학습 동화
- 동화를 읽으면 재미가 팡팡! 과학 원리가 쏙쏙!
- 집에 있는 도구와 재료로 실험하며 과학을 체험
- 영상 세대용 맞춤 학습법! 실험 동영상과 학습 플래시 제공

초등 과학 1~3학년 　1~12권 구성

이·것·만·알·자! 눈으로 보는 개념! 쉽게 이해하는 개념! 재미있는 문제로 다지는 개념! 중학교에 연결되는 개념!

대표전화 1544-0554
주소 서울특별시 구로구 디지털로33길 48 대륭포스트타워 7차 20층
협의 없는 무단 복제는 법으로 금지되어 있습니다.